별별 과학 스타

글 윤상석 | 그림 에이욥 프로젝트
펴낸날 2023년 10월 6일 초판 1쇄
펴낸이 김상수 | 기획·편집 이성령, 권정화 | 디자인 문정선 | 영업·마케팅 황형석, 오정훈
펴낸곳 루크하우스 | 주소 서울시 서초구 사임당로 50 해양빌딩 504호
전화 02)468-5057 | 팩스 02)468-5051 | 출판등록 2010년 12월 15일 제2020-203호
www.lukhouse.com cafe.naver.com/lukhouse

ISBN 979-11-5568-572-3 73400

ⓒ 윤상석, (주)루크하우스 2023
저작권자의 동의 없이 무단 복제 및 전재를 금합니다.

※ 잘못된 책은 구입처에서 바꾸어 드립니다.
※ 값은 뒤표지에 있습니다.

상상의집은 (주)루크하우스의 아동출판 브랜드입니다.

별별 과학 스타

별난 과학자로 보는 별다른 과학사

윤상석 글
에이욥 프로젝트 그림

방사능 · 원주율 · 상대성 이론 · 현미경 관찰 · 진화론 · 금지된 책 · 빛의 속도 · 핵분열

상상의집

작가의 말

과학사를 살펴보면 과학이 어떻게 발전해 왔는지 알 수 있어요. 과학으로 설명할 수 없는 현상들이 발견되면, 과학자는 그 현상들을 설명하기 위해 노력하지요. 그런데 설명이 계속 꼬이고 궁금증만 쌓이는 경우가 많아요. 생각의 틀을 완전히 바꾸는 발견과 이론이 나온 다음에야 그동안 설명하지 못했던 현상들을 이해하게 되지요. 이것을 과학사에서는 패러다임을 바꾼다고 해요.

패러다임을 바꾸는 사건이 일어났을 때, 과학자들은 패러다임을 바꾼 이론에 틀린 부분은 없는지 연구하고 그 이론으로 설명할 수 있는 현상과 설명할 수 없는 현상을 구분해요. 설명할 수 없는 현상들이 점점 쌓여 갈 즈음 다시 패러다임을 바꾸는 새로운 이론이 등장하지요. 과학은 그러면서 발전했어요. 결국 과학은 세상을 향한 과학자들의 호기심과 열정을 따라 발전한 셈이에요.

이 책은 과학사의 패러다임을 바꾼 위대한 과학자들을 소개하고 있어요. 그들 중 몇몇은 자기 삶의 패러다임을 바꾸기도 했지요. 어렵고 힘든 생활 속에서 생각의 틀을 완전히 바꾸는 선택과 행동을 하며 위대한 과학자로 성장한 거예요.

여러분도 이 책을 읽으며 생각의 틀을 바꿀 용기를 가졌으면 해요. 나아가 과학사의 패러다임을 바꿀 주인공으로 성장했으면 좋겠어요.

작가 윤상석

차례

o 작가의 말 2

1 아리스토텔레스 ………… 6
2 아르키메데스 …………… 11
3 니콜라우스 코페르니쿠스 … 16
4 갈릴레오 갈릴레이 ……… 21
5 요하네스 케플러 ………… 26
6 로버트 훅 ………………… 31
7 아이작 뉴턴 ……………… 36

8 칼 폰 린네 ……………… 41
9 앙투안 라부아지에 ……… 46
10 존 돌턴 …………………… 52
11 마이클 패러데이 ………… 58
12 찰스 다윈 ………………… 63
13 그레고어 멘델 …………… 68
14 루이 파스퇴르 …………… 74
15 제임스 클러크 맥스웰 …… 79
16 드미트리 멘델레예프 …… 84

17 빌헬름 뢴트겐 ·············· 89
18 마리 퀴리 ··················· 94
19 리제 마이트너 ············ 100
20 알베르트 아인슈타인 ······ 105
21 닐스 보어 ················· 111
22 에드윈 허블 ··············· 116

23 로절린드 프랭클린 ········ 122
24 이휘소 ······················ 127
25 스티븐 호킹 ················ 132

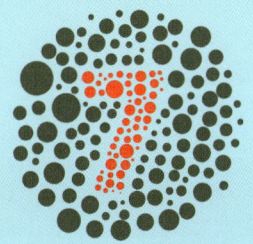

○ 연표 138
○ 찾아보기 140

의사의 아들로 태어나 플라톤의 제자가 되기까지

아리스토텔레스는 기원전 384년 그리스 북부의 스타기라에서 태어났어. 스타기라는 그리스 도시 국가 중 하나인 마케도니아 왕국의 지배를 받는 작은 마을이었고, 아리스토텔레스의 아버지는 마케도니아 왕의 주치의였지. 아리스토텔레스도 아버지의 직업을 이어받아 의사가 되기 위해 공부했어. 하지만 10살 무렵 아버지와 어머니를 병으로 잃고 친척 손에서 자랐어.

17살이 된 아리스토텔레스는 아테네로 갔어. 그리고 당시 최고의 학자였던 플라톤˙이 세운 아카데메이아에 입학했어. 아리스토텔레스가 어찌나 열심히 공부했는지, 플라톤은 그를 아카데메이아의 정신이라 치켜세우며 최고의 인재로 인정했다고 해.

→ **플라톤** 고대 그리스의 철학자. 소크라테스의 제자로, 철학자가 통치하는 이상 국가를 꿈꾸었지. 교육 기관인 아카데메이아를 세워 많은 제자를 길러 냈어.

아리스토텔레스와 플라톤은 플라톤이 세상을 뜰 때까지 20년 동안 아카데메이아에서 함께 연구하며 의견을 주고받았어. 플라톤이 수학처럼 정교하고 완벽한 세상을 꿈꾸었다면, 아리스토텔레스는 현실 속에서 진리를 찾으려 했단다. 덕분에 아리스토텔레스는 철학자로 더 유명해. 물론 의사의 아들답게 자연 현상과 생물학에도 관심이 많았지.

위대한 왕의 위대한 스승

아리스토텔레스는 마케도니아 왕국의 왕자를 3년 동안 가르쳤어. 그 왕자가 바로 훗날 그리스, 페르시아, 인도에 걸친 대제국을 건설한 알렉산더 대왕이야.

알렉산더 대왕의 스승 자리에서 물러난 아리스토텔레스는 다시 아테네로 돌아와 리케이온이라는 학교를 세웠어. 그곳에서 12년 동안 논리학, 철학, 정치학, 윤리학, 천문학, 동물학 등을 연구했어.

알렉산더 대왕이 세상을 떠나자 마케도니아의 지배에서 벗어난 아테네 사람들은 아리스토텔레스를 죽이려고 했어. 아리스토텔레스를 마케도니아 세력으로 생각했던 거야. 상황이 이러하다 보니 아리스토텔레스는 아테네를 떠날 수밖에 없었지. 그리고 1년 뒤, 아리스토텔레스는 위장병으로 세상을 떠나고 말아.

세상은 네 가지 원소로 이루어져 있다

아리스토텔레스는 세상이 어떤 물질로 이루어져 있는지 설명하려고 했어. 그래서 물, 흙, 불, 공기의 네 가지 원소가 각기 다른 비율로 섞여 세상 만물을 만들어 낸다는 4원소설*을 주장했어. 아리스토텔레스는 이 원소들의 성질도 구분했는데 물은 습함과 차가움, 불은 건조함과 뜨거움, 공기는 습함과 뜨거움, 흙은 차가움과 건조함을 가져. 4원소설에 따르면 물이 끓어 수증기로 변하는 현상은 물이 차가운 성질을 버리고 불의 뜨거운 성질을 얻으며, 습하고 뜨거운 성질의 공기가 되는 과정인 것이지.

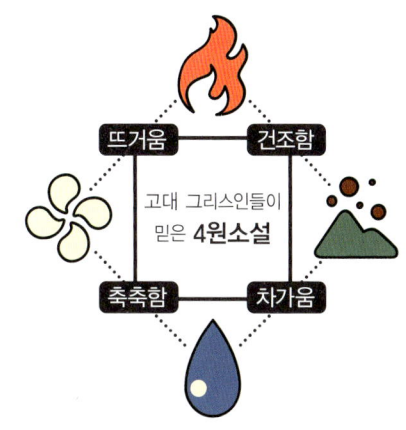

→ 4원소설 4원소설을 처음 주장한 사람은 고대 그리스 철학자 엠페도클레스야. 이후 아리스토텔레스가 각 원소의 성질까지 구분하며 4원소설을 보완했지.

서양 과학에 큰 영향을 준 천동설과 동물 분류

아리스토텔레스는 달을 기준으로 우주를 천상계와 지상계로 나누고 두 세계는 교류할 수 없다고 보았어. 지상계의 네 가지 원소는 천상계에 없으며 천상계는 영원히 변하지 않는 제5원소 '에테르'로 이루어졌다고 생각했지. 에테르가 지구를 중심으로 도는 원운동을 하므로, 태양과 별도 지구 주위를 돈다고 믿었어. 이게 바로 '천동설'이야.

게다가 아리스토텔레스는 월식* 때 달에 비친 지구의 그림자를 보고 일찍이 지구가 둥글다는 사실을 알고 있었다고 해. 마젤란이 항해를 통해 지구가 둥글다는 사실을 증명해 낸 시기가 16세기였으니, 당시로서는 엄청난 발견인 셈이지.

아리스토텔레스는 생물학에도 관심이 많아서 동물을 관찰하고 특징에 따라 분류하기도 했어. 붉은색 피가 있는 동물과 그렇지

→ 월식 태양과 지구, 달이 한 줄로 늘어서면서 지구의 그림자에 달이 가려지는 현상을 말해.

않은 동물, 새끼를 낳는 동물과 알을 낳는 동물로 말이야. 아리스토텔레스의 동물 분류법은 유럽에서 오랫동안 동물을 나누는 기준이 되었단다.

철학, 정치학, 과학… 아리스토텔레스의 연구는 계속된다

아리스토텔레스는 죽기 전까지 많은 글을 남겼어. 그중에는 물리학, 천문학, 생물학 등 과학과 관련된 내용도 많아.

처음에 아리스토텔레스의 과학 이론은 유럽에서 크게 주목받지 못했어. 10세기경 아라비아에서 아리스토텔레스에 관한 연구가 이루어지고, 13세기경 아라비아에 있던 아리스토텔레스의 글들이 유럽으로 전해지면서 중세 유럽 사람들도 관심을 가지기 시작했어.

현대 과학의 기준에서 보면 아리스토텔레스의 이론들은 틀린 부분이 많아. 그렇지만 고대와 중세 사람들에게는 매우 체계적이고 설득력 있는 이론처럼 보였을 거야. 과학이 크게 발달하기 전까지 아리스토텔레스의 과학 이론이 유럽 사람들의 생각을 지배한 것만 보아도 알 수 있지.

별별 ★ 과학 스타

→ **아리스토텔레스는 이런 점이 별나**
- 철학자로 유명한 아리스토텔레스는 논리학, 정치학, 윤리학, 동물학, 천문학, 물리학 등 다양한 분야를 탐구했어.

→ **아리스토텔레스는 과학사를 이렇게 별다르게 만들었어**
- 아리스토텔레스의 과학 이론은 고대에서 중세, 근대에 이르는 2천 년 동안 서양 과학을 지배했어.

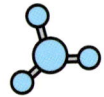

고대 학문의 중심지, 알렉산드리아로 가다

아르키메데스는 이탈리아 시칠리아섬에 있는 항구 도시, 시라쿠사에서 태어났어. 아르키메데스의 가족은 시라쿠사 왕과 가까운 친척 관계였다고 해. 아르키메데스는 어릴 때부터 학문에 관심이 많았어. 천문학자인 아버지 덕분에 밤하늘 관측하는 법도 배울 수 있었지.

아르키메데스는 고대 그리스 학문의 중심지인 이집트 알렉산드리아˙에서 유학했어. 알렉산드리아 왕립 학교에서 수학과 천문학을 공부하며 펌프도 발명했지. 펌프는 물을 쉽게 끌어 올릴 수 있게 하는 장치를 말해. 아르키메데스의 펌프는 나무로 만든 원통 속에 나선 모양의 축이 있는 게 특징이야. 손잡이로 이 축을 돌리면, 아래쪽에 있던 물이 나선 모양의 홈을 지나 위로 올라오는 구조지. 그래서 이 펌프를 아르키메데스의 '나선 펌프'라고 불러.

→ **알렉산드리아** 기원전 331년 알렉산더 대왕이 건설한 도시야. 이후 문화·예술의 중심지로 발전하였지.

지렛대, 원주율, 아르키메데스의 발견과 발명

아르키메데스는 학교를 졸업하고 다시 시라쿠사로 돌아갔어. 그 무렵, 시라쿠사에는 너무 커서 바다에 띄우지 못한 군함이 한 척 있었어. 시라쿠사의 왕은 이 군함을 바다에 띄울 방법을 찾고 있었지. 이때 아르키메데스가 지렛대 원리를 생각해 냈어. 지렛대 원리를 이용하면 막대기만 갖고도 아주 작은 힘으로 무거운 물체를 쉽게 들어 올릴 수 있었거든. 아르키메데스는 지렛대 원리를 응용한 도르래로 군함을 바다에 띄우는 데 성공했지. 그리고 왕 앞에서 이렇게 말했다고 해. "충분히 긴 지렛대와 지렛대를 받칠 받침대만 있으면 지구도 들어 올릴 수 있습니다."

아르키메데스는 원의 둘레 길이와 지름의 비인 원주율(π)을 과학적으로 계산한 최초의 수학자이기도 해. 그가 구한 원주율은 3.1408과 3.1428 사이의 수로, 그 값이 매우 정확해서 17세기까지 사용되었어.

→ **원주율** 원주율을 식으로 풀면 다음과 같아. '원주율=원의 둘레÷원의 지름' 원주율은 원의 크기와 상관없이 항상 일정하단다.

유레카! 부력의 원리를 알다

어느 날, 시라쿠사의 왕은 아르키메데스를 불러 자신의 왕관이 금으로만 만들어진 게 맞는지 알아보라고 명령했어. 왕은 기술자들에게 금덩이를 주고 왕관을 만들도록 했는데, 기술자들이 금을 일부 빼돌리고 다른 물질을 섞어 왕관을 만든 것은 아닌가 의심하고 있었거든.

먼저 아르키메데스는 왕관의 무게를 쟀어. 왕이 기술자에게 준 금덩이의 무게와 같았지. 무게만으로는 다른 재료가 섞였는지 알아낼 수 없었어. 그래서 물질마다 밀도가 다르다는 사실을 이용하기로 했어. 밀도는 물질의 무게를 부피로 나눈 값이기 때문에 왕관과 금덩이의 무게가 같다면 부피도 같아야 하거든. 그런데 부피를 잴 방법을 찾지 못했어.

그러던 어느 날, 아르키메데스는 목욕을 하려고 욕조에 들어갔다가 자신의 몸 부피와 같은 양의 물이 넘치는 것을 보고 번뜩 왕관의 부피를 잴 좋은 방법이 떠올랐어. 어떤 물체가 물속에 잠길 때, 넘치는 물의 부피와 잠긴 물체의 부피가 같다는 원리를 알아낸 거지.

물속에 잠긴 물체가 밀어내는 물의 무게만큼 위쪽으로 힘이 작용하는데, 이것을 '부력'이라고 해. 그래서 이 원리를 부력의 원리라고 부르지. 아르키메데스는 부력을 발견하고 너무 기쁜 나머지 벗은 채로 목욕탕을 뛰쳐나가며 "유레카!"라고 외쳤대. 유레카는 '알았다!'는 뜻이란다.

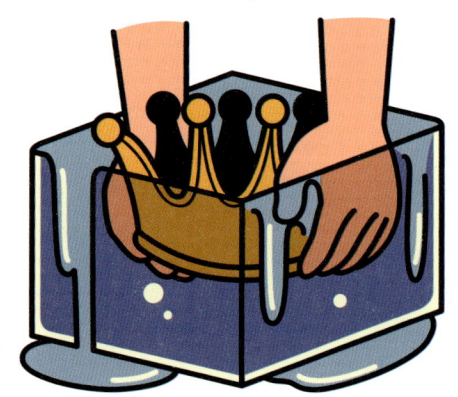

고대의 무기 개발자

시라쿠사가 로마의 공격을 받을 위기에 처하자 시라쿠사의 왕은 아르키메데스를 군사 기술자로 임명했어. 아르키메데스는 자신의 과학 지식을 이용해 특별한 무기들을 만들었어. 그중에는 햇빛을 이용한 무기도 있었어. 해안에 수많은 청동 거울을 둥글게 놓고, 거울을 움직여 가며 햇빛을 한곳으로 모아 그 열로 불을 지르는 무기였지. 이 무기로 많은 로마군 배를 불태웠다고 해.

아르키메데스가 개발한 무기로는 투석기도 유명해. 장대에 연결된 밧줄을 팽팽하게 당겨 장대를 수평으로 만든 다음 장대 끝에 돌을 올리는 거야. 그리고 밧줄을 풀면 장대가 수직으로 튀어 오르면서 돌이 발사되지.

이들 무기 덕분에 시라쿠사는 로마군과 맞설 수 있었어. 하지만 당시 세계 최강이었던 로마군을 완전히 물리치지는 못했어. 시라쿠사가 함락하던 날, 아르키메데스는 마당의 모래 위에 도형을 그리며 기하학 연구를 하고 있었다고 해. 로마 병사들이 다가오자 그는 자신이 그린 도형이 망가진다며 물러서라고 소리쳤어. 그러자 로마 병사는 아르키메데스를 죽였단다.

별별 ★ 과학 스타

→ **아르키메데스는 이런 점이 별나**
  – 어릴 때부터 학문에 관심이 많았어. 연구를 위해서라면 죽음도 두려워하지 않았지.

→ **아르키메데스는 과학사를 이렇게 별다르게 만들었어**
  – 지렛대 원리, 부력의 원리 등을 발견했어.
  – 인류 최초로 원주율을 계산해 냈어.

천문학을 좋아하던 청년, 이탈리아 유학길에 오르다

니콜라우스 코페르니쿠스는 1473년 폴란드의 토룬에서 부유한 상인 집안의 막내아들로 태어났어. 10살 무렵에 아버지를 잃고, 외삼촌의 집에서 지내야 했지.

1491년 폴란드의 크라쿠프 대학교에 입학한 코페르니쿠스는 천문학에 관심을 보이며 기하학, 대수학, 우주 구조론, 천문 계산, 광학 등을 공부하기 시작했어. 대학교를 졸업한 뒤에는 외삼촌의 도움을 받아 이탈리아에서 유학했지.

알마게스트와 천동설

코페르니쿠스는 이탈리아 유학 시절, 프톨레마이오스의 『알마게스트』를 읽었어. 『알마게스트』는 150년경 알렉산드리아의 천문학자 프톨레마이오스가 고대 그리스 천문학을 바탕으로 지은 천문학책이야. 아리스토텔레스가 태양과 행성이 지구 주위를 돌고 있다는 천동설을 주장했잖아. 하지만 아리스토텔레스의 천동설만으론 태양계 행성들의 불규칙한 움직임을 설명할 수 없었어. 프톨레마이오스는 『알마게스트』에서 행성들이 작은 원운동을 하면서 지구를 도는 큰 원운동을 한다고 주장하며 천동설의 부족한 부분을 보충했어.

15세기경 이 책이 유럽에 전해지면서 유럽 사람들의 생각에도 영향을 미쳤어. 특히 기독교가 천동설을 적극적으로 받아들였지. 이때부터 유럽 사람들은 천동설을 사실이라고 믿기 시작했단다.

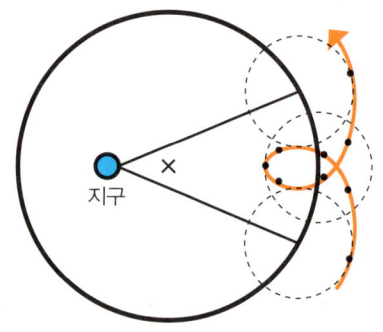

프톨레마이오스가 『알마게스트』에서 주장한 행성 운동

지구는 특별하지 않아, 지동설

이후 코페르니쿠스는 이탈리아 페라라 대학교에서 교회법을 공부했어. 이 시기 천문학자 노바라의 집에서 지내며 처음으로 천체를 관측하였지. 망원경이 없던 시절이라 맨눈으로 밤하늘을 바라보는 게 전부였지만 코페르니쿠스는 천체 관측의 재미에 흠뻑 빠져 버렸단다.

1503년, 페라라 대학교에서 교회법 박사 학위를 받고 폴란드로 돌아온 코

페르니쿠스는 프롬보르크 성당에서 성직자로 일했어. 성당 일이 바쁘지 않았기 때문에 천문학 연구도 계속할 수 있었어. 지붕 없는 탑 위에 밤하늘을 관측할 수 있는 공간을 마련하기도 했어.

코페르니쿠스는 망원경 없이 밤하늘을 관측했으므로 주로 별의 이동만을 알 수 있었어. 그런데 이상했어. 관측 결과가 프톨레마이오스의 천동설과 다른 거야. 천동설에 대한 코페르니쿠스의 의문은 점점 커져만 갔지. 그리고 천동설이 아닌 완전히 새로운 우주 체계를 연구하기 시작했어. 마침내 코페르니쿠스는 태양과 행성이 지구 주위를 도는 것이 아니라, 지구와 행성이 태양 주위를 돌고 있다는 지동설 이론을 세우게 되었단다.

유럽 사회를 충격에 빠뜨린 『천체˚의 회전에 관하여』

코페르니쿠스는 자신의 생각을 정리해 지동설에 관한 짧은 논문을 완성했어. 하지만 바로 논문을 발표하지 않고, 몇몇 친구에게만 보여 주었다고 해. 아직 이론이 완성되지 않은 데다가 천동설을 뒤엎었다는 이유로 공격받을 수도 있다고 생각했거든. 그때까지만 해도 사람들은 천동설을 의심 없이 믿고 있었으니 말이야. 코페르니쿠스는 수학을 이용해 지동설을 더 정교하게 다듬었어.

→ **천체** 행성, 위성, 별 등 우주에 존재하는 모든 물체를 통틀어 이르는 말이야.

1539년, 한 젊은이가 늙은 코페르니쿠스를 찾아왔어. 그는 레티쿠스라는 독일의 수학자로, 코페르니쿠스의 연구 소식을 듣고 온 것이었어. 코페르니쿠스는 자기 이론을 정리한 노트를 그에게 보여 주었어. 레티쿠스는 이 이론을 발표하자고 코페르니쿠스를 설득했어. 1543년, 레티쿠스는 코페르니쿠스의 노트에 있던 내용을 책으로 엮어 발표했는데 이 책이 바로 『천체의 회전에 관하여』야. 안타깝게도 책이 나올 무렵 코페르니쿠스는 뇌졸중으로 세상을 떠나고 말아.

『천체의 회전에 관하여』를 본 유럽 사람들은 큰 충격을 받았어. 1616년 교황청은 이 책을 금서로 지정하기까지 하였지. 이 시기 유럽 사회를 지배하던 기독교는 천동설만을 인정하고 지동설을 신에 대한 모독으로 받아들였거든. 책은 19세기 초에야 금서에서 풀려날 수 있었단다.

별별 ★ 과학 스타

→ 니콜라우스 코페르니쿠스는 이런 점이 별나
  - 천문학뿐만 아니라 다양한 학문을 공부한 덕분에 폭넓은 지식을 가질 수 있었어.
  - 과학자가 아닌 성직자로 있으면서도 천문학 연구를 그만두지 않았어.

→ 니콜라우스 코페르니쿠스는 과학사를 이렇게 별다르게 만들었어
  - 지동설을 발표해 지구 중심의 우주관을 뒤엎는 과학 혁명을 일으켰어. 근대 과학이 시작되는 순간이었지.

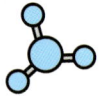

의학보다 수학이 더 재미있어

갈릴레오 갈릴레이는 1564년 이탈리아 피사의 가난한 귀족 집안에서 음악가의 맏아들로 태어났어. 그는 11살이 될 때까지 학교에 가지 않고 집에서 교육받았어. 가정 교사가 있긴 했지만, 주로 아버지에게 음악을 배웠단다. 15살이 되어서야 피렌체 수도원 소속의 학교를 다니기 시작했지. 17살에는 의사가 되기 위해 피사 대학교에 입학했어. 갈릴레이의 아버지는 갈릴레이를 사람들의 존경도 받고 돈도 많이 버는 의사로 키우고 싶어 했거든.

갈릴레이는 논쟁을 즐기는 학생이었어. 그는 사람들이 당연하게 받아들이는 지식에 대해서도 서슴없이 의문을 제기하고 자기 주장을 이야기했어. 그러던 중 우연히 수학 강의를 듣고, 수학의 매력에 빠져 버렸지.

흔들리는 샹들리에로 알아낸 진자의 원리

1583년 어느 날, 의대생 갈릴레이는 피사 성당에 갔다가 천장에 달린 샹들리에가 창밖에서 불어오는 바람에 흔들리는 모습을 보았어. '샹들리에가 좌우로 한 번 흔들리는 데 걸리는 시간은 얼마나 될까?' 궁금증을 느낀 갈릴레이는 자신의 맥박이 뛰는 횟수를 이용해 그 시간을 재 보았어. 신기하게도 크게 흔들리거나 작게 흔들리거나 샹들리에가 오가는 거리에 상관없이 한 번 흔들리는 데 걸리는 시간이 똑같았어.

샹들리에처럼 좌우로 움직이는 물체를 '진자'라고 하고, 한 번 왕복 운동을 한 뒤 원래 자리로 돌아오는 데 걸리는 시간을 '주기'라고 해. 그리고 흔들리는 정도를 '진폭'이라고 하지. 갈릴레이는 이 우연한 실험으로 진자의 주기는 진폭과 상관없이 일정하다는 원리*를 발견한 거야.

갈릴레이는 대학교에서 의학보다 기하학을 비롯한 수학 공부에 더 몰두했어. 하지만 가난 때문에 의학과 수학, 어느 쪽의 학위도 받지 못한 채 학교를 그만두고 말아.

→ **등시성** 진자의 주기는 진폭의 크기와 상관없이 일정하다는 이 원리를 등시성, 또는 진자의 등시성이라고 해.

갈릴레이는 한동안 집에 있으면서 아버지 친구에게 수학과 과학을 배웠는데, 이때 과학에도 큰 흥미를 갖게 돼. 혼자 공부한 내용을 정리해 과학 논문을 발표하기도 했단다. 갈릴레이의 논문을 눈여겨본 어느 귀족이 갈릴레이를 후원하기 시작했고, 덕분에 갈릴레이는 피사 대학교에서 강의를 할 수 있었어. 1592년에는 파도바 대학교로 옮겨 18년 동안 수학을 연구하고 가르쳤지.

생각 실험으로 알아낸 관성의 법칙

17세기 무렵, 갈릴레이는 실험 하나를 해. 기울어진 경사면을 따라 구슬을 아래로 내려보낸 다음, 구간마다 구슬의 속도를 측정하는 실험이었지. 그때는 시간을 정확하게 알 수 없었기 때문에 갈릴레이는 자신의 맥박이 뛰는 횟수로 속도를 측정했어. 실험 결과 기울기가 같다면 무게가 다른 구슬도 같은 속도로 내려오고, 구슬이 아래로 내려갈수록 점점 더 빨라진다는 사실을 알게 되었어.

갈릴레이는 이 실험 결과를 바탕으로 생각 실험*을 진행했어. '구슬이 경사면을 내려올 때, 마찰이 없다면 어떻게 될까?' 마찰이 없는 상태에서 경사면을 내려온 구슬은 내려온 높이만큼 다시 올라갈 수 있고, 수평으로 구른다면 끝없이 굴러갈 수 있었어. 외부에서 다른 힘을 가하지 않는 한 물체는 정지해 있거나 계속 같은 속도로 움직이려는 성질을 가지고 있다는 '관성의 법칙'을 알아낸 순간이었지.

→ **생각 실험** 실제로 실험을 하지 않고 이론을 가지고 머릿속에서만 진행하는 실험을 말해.

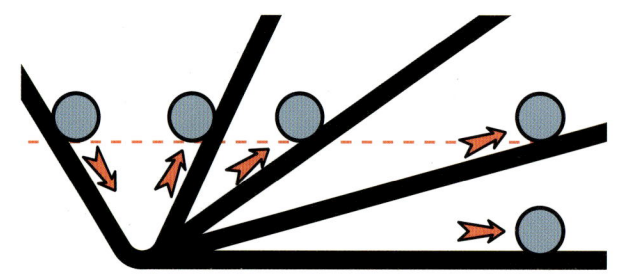

마찰이 없는 경사 면에서 구슬을 굴리면 내려온 높이만큼 다시 올라갈 수 있다.

그래도 지구는 돈다!

1609년, 갈릴레이는 자신이 직접 만든 천체 망원경으로 밤하늘을 관찰했어. 그는 본격적으로 망원경을 사용해 천체를 관측한 최초의 과학자라고 해. 망원경으로 새로운 별을 많이 발견하였고, 은하수도 보았어.

갈릴레이는 목성을 관찰하다가 목성 주위를 도는 네 개의 위성*을 발견했어. 그리고 목성 주위를 도는 위성처럼 지구도 태양 주위를 돌고 있는 것은 아닐까 의문을 가졌어. 코페르니쿠스가 주장했던 지동설이 맞을지도 모른다고 생각한 것이지. 갈릴레이는 금성의 크기와 모양 변화를 관찰하면서 지동설을 더욱 확신했어.

→ **위성** 행성이 끌어당기는 힘에 의해 그 주변을 돌고 있는 별이란다. 지구, 화성, 목성, 토성, 천왕성, 해왕성 주변에 있다.

그리고 1632년에 지동설을 지지하는 내용의 책 『두 개의 주요 우주 체계에 관한 대화』를 펴냈어. 코페르니쿠스가 그랬듯 갈릴레이의 책도 기독교에 대한 모욕으로 받아들여졌어. 교황청은 책의 판매를 금지하고, 갈릴레이를 종교 재판에 넘겼지. 1633년에 열린 종교 재판에서 갈릴레이는 자기 생각이 틀렸음을 인정했어. 살기 위해서는 어쩔 수 없었을 거야. 재판소에서 집 안에만 갇혀 있어야 하는 형벌을 받고 나오는 길에 갈릴레이는 이렇게 중얼거렸다고 해. 그래도 지구는 돈다!

별별 ★ 과학 스타

→ **갈릴레오 갈릴레이는 이런 점이 별나**
- 논쟁을 즐기며, 사람들이 당연하게 받아들이는 정보와 지식에 대해서도 과감하게 의문을 제기했어.

→ **갈릴레오 갈릴레이는 과학사를 이렇게 별다르게 만들었어**
- 진자의 주기는 진폭과 상관없이 일정하다는 등시성의 원리를 발견했어.
- 외부에서 힘이 가해지지 않은 한 물체는 상태를 유지하려고 한다는 관성의 법칙을 최초로 생각해 냈어.
- 망원경으로 천체를 관측한 최초의 과학자야.
- 『두 개의 주요 우주 체계에 관한 대화』라는 책을 발표해 지동설을 널리 알렸어.

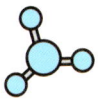

불우한 어린 시절

　요하네스 케플러는 1571년 독일 뷔르템베르크의 작은 도시, 바일에서 태어났어. 어린 케플러의 삶은 녹록하지 않았어. 칠삭둥이로 태어나 체격이 작고 약한 데다가, 4살 때 천연두를 앓는 바람에 그 후유증으로 시력이 크게 손상됐지. 손가락도 온전하지 않았어.

　케플러의 아버지는 술꾼이었어. 번듯한 직업이 없어 전쟁터에 용병으로 나가곤 했지. 어머니는 여관집 딸이었는데 아버지 못지않게 성격이 괴팍했다고 해.

　아버지가 전쟁터에 나가고, 어머니도 아버지와 함께 지내기 위해 집을 떠나고 나면 케플러는 할머니와 단둘이 있어야 했어. 몇 년 만에 돌아온 아버지는 사업을 한다며 전쟁터에서 번 돈을 날리기 일쑤였고, 케플러는 늘 가난할 수밖에 없었어. 어려운 어린 시절을 보내며 이사를 가거나 학교를 옮기는 일도 많았지.

신학교에서 배운 천문학

케플러는 어릴 때부터 아주 영리했어. 외할아버지 여관에 묵던 손님들이 케플러의 수학 재능을 보고 놀란 적도 있다고 해. 천문학에도 관심이 많아서 높은 곳에 올라가 혜성이나 월식을 관찰하곤 했지. 덕분에 어려운 집안 형편에도 불구하고 장학금을 받으며 학교에 다닐 수 있었어.

1587년, 케플러는 신부가 되기 위해 튀빙겐 대학교에 입학하였어. 그곳에서 신학뿐만 아니라 수학, 물리학, 천문학 등을 배웠지. 물론 천문학 수업에서는 당시 교회가 인정한 이론인 프톨레마이오스의 천동설을 배웠어.

이즈음 케플러는 코페르니쿠스의 지동설을 지지하는 어느 교수의 강의를 듣게 돼. 지동설에 큰 감명을 받은 케플러는 우주의 비밀을 푸는 천문학을 연구하겠다고 마음먹었지.

환상의 연구 파트너, 튀코 브라헤

케플러는 대학교 졸업을 앞두고 오스트리아의 한 고등학교에서 수학과 천문학을 가르치기 시작했어. 이후 『우주 구조의 신비』라는 책을 펴내면서 젊은 나이에 천문학자로 이름을 알렸지. 이 책에서 케플러는 시력이 나빠 천체를 제대로 관측할 수 없는 자신의 한계를 넘어, 이성과 상상만으로 태양과 행성의 구조를 설명했어.

신성 로마 제국 황실의 수학자이자 천문학자인 튀코 브라헤는 케플러의 책을 읽고 깊은 인상을 받았어. 그래서 케플러에게 같이 일하자는 제안을 하게 되지.

브라헤는 망원경이 발명되기 35년 전부터 행성의 운동을 맨눈으로 관측했던 천문학자야. 정확하고 풍부한 행성 관측 자료를 가지고 있었지만, 자료를 해석할 만한 수학 능력은 부족했지. 반면 케플러는 시력이 나빠 천체 관측은 할 수 없어도 수학 능력은 뛰어났거든. 이렇게 해서 1600년, 케플러는 브라헤의 조수가 되었어.

만유인력 법칙 이전에 케플러 법칙

케플러와 브라헤가 같이 일을 시작한 지 1년 만에 브라헤는 갑자기 큰 병에 걸려 세상을 떠났어. 브라헤는 죽기 직전 그동안 모아 두었던 수많은 관측 자료를 케플러에게 고스란히 물려주었어. 케플러가 자기 관측 자료를 잘 해석해 주리라 믿었던 거야. 그 후, 케플러는 밤낮을 가리지 않고 브라헤가 남겨 준 자료 분석에 매달렸어. 지루하고도 힘든 수학 계산을 끈질기게 해냈지.

1609년, 마침내 케플러는 행성의 운동에 관한 두 가지 법칙을 발표했어. 행성이 태양을 중심으로 원이 아닌 타원 모양을 그리며 돌고 있다는 것과 태양과 행성을

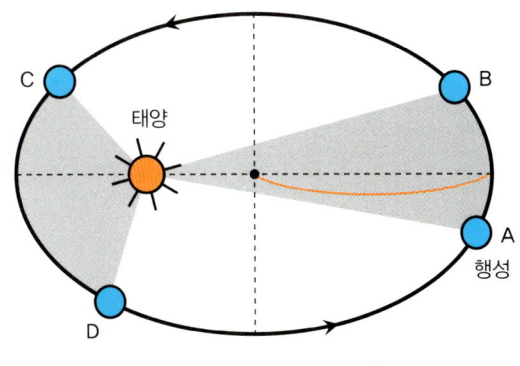

케플러 제1법칙인 타원 궤도의 법칙과
케플러 제2법칙인 면적 속도 일정의 법칙

한 직선으로 연결하면 행성의 움직임에 따라 면을 만드는데, 행성의 위치가 어디에 있든 같은 시간 동안 만들어진 면적의 크기는 같다는 것! 이들을 각각 케플러 제1법칙과 제2법칙이라고 불러.

그리고 1619년에는 행성이 태양 주위를 한 바퀴 도는 데 걸리는 시간(공전 주기)의 제곱은 행성이 돌면서 만든 행성 궤도의 가장 긴 반지름 세제곱에 비례한다는 제3법칙도 발표했어. 이 법칙을 이용하면 행성의 공전 주기로 태양과 행성 사이의 거리를 알 수 있지.

케플러 법칙은 훗날 뉴턴이 만유인력 법칙을 발견하는 데 큰 영향을 끼쳤어. 만약 케플러 법칙이 없었다면 만유인력 법칙도 없었을지 몰라.

별별 ★ 과학 스타

→ **요하네스 케플러는 이런 점이 별나**
 - 불우한 어린 시절을 극복했어.
 - 시력이 나빠서 천체 관측을 제대로 하지 못했지만, 실력과 끈기로 위대한 천문학자가 되었지.

→ **요하네스 케플러는 과학사를 이렇게 별다르게 만들었어**
 - 행성은 원이 아니라 타원형을 그리며 돌고 있다는 사실을 발견했어.
 - 최초로 행성 운동에 관한 과학적 이론을 세웠어.
 - 훗날 뉴턴이 만유인력 법칙을 발견하는 데 영향을 끼쳤어.

로배트 훅 1635~1703

현미경

세포

마이크로그라피아

목성

훅의 법칙

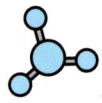

손재주 좋은 소년, 과학자가 되다

로버트 훅은 1635년 영국 남부 와이트섬에서 가난한 목사의 아들로 태어났어. 그는 어릴 때부터 무엇이든 관찰하기를 좋아했고, 궁금한 게 생기면 끝까지 파고들어 조사했다고 해. 그림 그리기 실력과 손재주도 뛰어났어. 고장 난 시계를 분해해 살펴본 뒤, 나무로 시계 속 부품을 똑같이 만들어 고칠 정도였지.

게다가 얼마나 똑똑한지, 16살이라는 어린 나이에 옥스퍼드의 크라이스트처치 대학교에 입학했단다. 이곳에서 기체를 연구하던 과학자, 로버트 보일을 만났어. 훅은 보일의 조수로 있으면서 약 10년간 그의 연구를 도왔어. 훅과 보일은 공기에 관한 여러 가지 실험을 하며 보일의 법칙˚도 발견했지.

→ **보일의 법칙** 같은 온도에서 기체의 부피는 기체에 가해지는 외부 압력에 반비례한다는 법칙. 풍선이 하늘 위로 날아가다가 어느 순간 터져 버리는 것도 이 법칙 때문이야. 높을수록 압력이 작아져 풍선의 부피가 커지는 거지.

로버트 훅의 특별한 현미경

훅은 아주 성실한 과학자였어. 그는 종일 실험 장치들 사이에 둘러싸여 수많은 실험을 했어. 하루에 고작 3~4시간을 잘 뿐이었지. 뛰어난 손재주로 직접 실험 도구들을 만들기도 했어. 그중에는 아주 특별한 도구도 있단다. 바로 현미경이야.

1665년, 훅은 이미 있는 현미경을 자기 방식으로 다시 설계했어. 렌즈가 2개 이상 달린 복합 현미경을 만든 거야. 렌즈 하나는 관찰 대상에 두고 다른 렌즈 하나는 관찰자의 눈에 가까이 두는 구조로, 현미경의 몸통인 경통 안에는 중간 렌즈도 설치돼 있어. 램프 빛을 모

으는 조명도 달아 관찰 대상을 비출 수 있도록 했지. 훅의 현미경은 현재의 광학 현미경과 비교해도 손색이 없을 정도로 정교했어.

현미경에 비친 아주 작은 세계

훅은 자신이 만든 현미경으로 꿀벌의 침, 파리의 눈과 다리, 벼룩의 모양과 털의 구조 등을 관찰했어. 하루는 참나무 겉껍질 안쪽의 두껍고 탄력 있는 조직인 코르크를 관찰하다가 코르크 조각에 빽빽하게 모여 있는 아주 작은 구멍들을 발견했어. 마치 벌집을 이루는 작은 방들 같았지. 훅은 이것에 '작은 방'을 뜻하는 라틴어 '셀(Cell)'이라는 이름을 붙였어. 우리말로 해석하면 세포! 훅은 인류 최초로 세포를 관찰한 셈이야. 나중에 알려진 사실이지만, 이날 훅이 본 것은 세포가 아니라 세포벽이었다고 해.

훅은 현미경으로 관찰한 것을 하나하나 기록했어. 친구의 도움을 받아 그림으로 남기기도 했지. 훅의 기록은 1665년에 나온 책 『마이크로피아』에서

확인할 수 있어. 『마이크로그라피아』에는 60개의 관찰 기록이 글과 그림으로 담겨 있어. 생물뿐만 아니라 무생물들을 관찰한 기록도 있지. 이 책은 눈으로 볼 수 없는 아주 작은 세계에 대한 사람들의 관심을 불러일으켰단다.

『마이크로그라피아』는 큰 관심을 받으며 베스트셀러 반열에 올랐고, 덕분에 훅도 유명 인사가 되었어.

여러 과학 분야에 남겨진 로버트 훅의 업적들

훅은 현미경 발명뿐만 아니라 천문학, 물리학, 화학 등 여러 과학 분야에 업적을 남겼어.

1664년, 훅은 자신이 만든 천체 망원경으로 밤하늘을 관찰하다가 오리온자리에서 새로운 별을 발견했어. 그리고 목성의 표면에서 소용돌이 모양의 붉은색 반점도 찾아냈지. 이 반점을 '목성 대적점'이라고 해. 지금도 천체 망원경으로 목성 대적점을 관찰할 수 있어.

1678년에는 용수철의 탄성을 연구해 '훅의 법칙'을 발표했어. 용수철을 당

겼을 때 늘어나는 길이는 가해지는 힘의 크기에 비례한다는 법칙이야. 예를 들어 용수철을 잡아당기는 물체의 무게가 2배 늘어나면, 용수철도 2배만큼 더 늘어나게 돼. 이 원리로 용수철저울이 만들어졌어.

별별 ★ 과학 스타

→ **로버트 훅은 이런 점이 별나**
- 어릴 때부터 호기심이 많아 무엇이든 들여다보기를 좋아했고, 의문이 생기면 끈질기게 파고들었어.
- 꾸준하고 성실한 과학자였어.

→ **로버트 훅은 과학사를 이렇게 별다르게 만들었어**
- 렌즈가 2개 이상인 복합 현미경을 발명하여 최초로 생물을 이루는 기본 단위인 '세포'를 관찰했어.
- 로버트 훅이 관찰하고 기록한 작은 세계는 사람들에게 신선한 충격을 안겨 주었어.

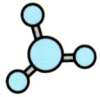

나 홀로 탐구를 즐기던 아이

아이작 뉴턴은 1642년 크리스마스에 영국의 시골 마을 울즈소프에서 태어났어. 뉴턴이 태어나기 3개월 전, 그의 아버지는 이미 세상을 떠난 상태였지.

뉴턴은 어릴 때부터 혼자 시간을 보내며 골똘히 생각하고 자기와 대화하기를 즐겼어. 호기심으로 풍차의 작동 원리를 연구하다가 진짜 풍차에 버금가는 정교한 모형 풍차를 만들어서 어른들을 놀라게 한 적도 있어.

1661년, 뉴턴은 케임브리지 대학교의 트리니티 칼리지에 들어갔어. 하지만 1665년에 흑사병이 유행하면서 학교가 문을 닫자 뉴턴도 학교를 떠나 고향으로 돌아왔어. 1667년 학교가 다시 문을 열 때까지 뉴턴은 혼자 수학과 광학, 천문학, 역학을 공부했어. 뉴턴의 업적 대부분이 이 시기에 싹 튼 것이라고 해.

뉴턴의 사과, 지구의 힘을 밝히다

1666년, 뉴턴이 사과나무 아래 앉아 생각에 잠겨 있을 때였어. 나무에서 사과 하나가 떨어졌지. 뉴턴은 떨어지는 사과를 보며 생각했어. '왜 달은 떨어지지 않을까?' 사과를 떨어뜨린 힘이 왜 달에는 작용하지 않는지 의문을 품은 거야.

뉴턴은 지구가 사과와 달을 모두 끌어당기지만, 달은 지구 주위를 돌고 있

기 때문에 지구로 떨어지지 않는 거라고 여겼어. 지구가 물체를 끌어당기는 이 힘이 바로 '중력'이야. 뉴턴은 지구의 모든 물체가 중력의 영향을 받고 있다고 생각했어.

세상 모든 물체 사이에 끌어당기는 힘이 작용하며 이 힘은 물체의 질량에 비례한다는 법칙을 '만유인력 법칙'이라고 해. 뉴턴은 만유인력 법칙을 발견할 때 케플러의 제3법칙에서 힌트를 얻었어.

물체의 운동에 관한 뉴턴의 세 가지 법칙

뉴턴은 1687년, 책 『프린키피아(자연철학의 수학적 원리)』를 통해 만유인력 법칙을 소개했어. 『프린키피아』의 발표는 과학사의 가장 중요한 사건 중 하나였어. 책에는 만유인력 법칙과 함께 '관성의 법칙', '가속도의 법칙', '작용 반작용의 법칙'이 실려 있었고 뉴턴은 수학으로 이 법칙들을 증명해 냈어. 뉴턴은 미적분을 처음 발견한 뛰어난 수학자이기도 했거든.

관성의 법칙, 가속도의 법칙, 작용 반작용의 법칙은 물체가 어떻게 운동하는가를 설명해. 그래서 이것들을 '뉴턴의 운동 법칙'이라고 부르지. 정지한 물체는 외부의 힘이 가해지지 않는 한 그대로 정지해 있고, 운동하는 물체는 하던 운동을 계속하려 한다는 원리가 뉴턴의 운동 제1법칙인 관성의 법칙이야. 앞서 갈릴레이가 생각 실험으로 알아낸 바 있었지. 가속도의 크기는 가한 힘에 비례하고 물체의 질량에 반비례한다는 원리가 제2법칙인 가속도의 법칙이고, 제3법칙은 물체에 힘을 가하면 같은 크기의 반대 힘 또한 존재한다는 작용 반작용의 법칙이었어.

빛은 원래 무지개색이다?

뉴턴은 빛에 관한 연구도 했어. 빛은 프리즘을 통과하면서 여러 색으로 나뉘어. 이 현상을 본 사람들은 빛이 프리즘의 불순물 때문에 성질이 바뀌어 무지개색으로 변하는 거라고 생각했어. 뉴턴은 실험으로 이것이 잘못된 생각임을 밝혀냈지.

먼저 그는 창문에서 한 줄기 빛만 들어오도록 했어. 빛은 삼각 프리즘을 통과하면서 무지갯빛이 되었어. 그런데 이 무지갯빛을 뒤집은 삼각 프리즘에 통과시키니 다시 원래의 흰색 빛으로 돌아가는 거야. 그런 다음 판자에 구멍을 뚫어 무지갯빛 중 한 가지 색의 빛만 통과시켜 보았어. 더는 빛의 색이 바뀌지 않았지.

흰색으로만 보이는 빛이라도 그 안에는 여러 가지 색의 빛이 섞여 있었어. 프리즘을 통과하는 과정에서 빛의 색에 따라 꺾이는 정도가 달라지기 때문에 흰 빛이 무지갯빛으로 변하는 것이었지. 또한, 뉴턴은 이 무지갯빛이 더 이상 나뉘지

않는다는 사실도 알게 되었어.

거울을 사용한 뉴턴의 반사 망원경

 1672년, 뉴턴은 망원경도 발명하였어. 그전까지는 렌즈로 만든 굴절 망원경만이 있었는데, 뉴턴의 망원경은 최초로 거울을 사용해 만든 반사 망원경이었지. 반사 망원경은 기존의 굴절 망원경보다 성능이 훨씬 뛰어났어.

 뉴턴은 반사 망원경으로 밤하늘을 보며 혜성이 타원 모양으로 돌고 있다는 사실을 밝혀내기도 했어. 오늘날 천체 망원경 대부분이 반사 망원경인 것으로 미루어 볼 때 뉴턴이 얼마나 중요한 발명을 한 건지 알 수 있단다.

별별 ★ 과학 스타

→ **아이작 뉴턴은 이런 점이 별나**
 – 작은 현상에도 호기심을 갖고 그 원리를 탐구했어.

→ **아이작 뉴턴은 과학사를 이렇게 별다르게 만들었어**
 – 만유인력 법칙과 뉴턴의 운동 법칙으로 세상이 자연 질서에 따라 운동하고 있다는 사실을 밝혀냈어. 이 법칙들 덕분에 근대 과학이 크게 발전할 수 있었지.
 – 최초로 미적분을 알아내 사용했어.
 – 빛을 과학적으로 설명하고, 반사 망원경을 발명했어.

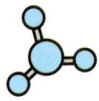

선생님이 알아본 특별한 관찰력

칼 폰 린네는 1707년 스웨덴에서 태어났어. 정원 가꾸는 취미가 있는 부모님의 영향으로 린네는 어릴 때부터 자연스럽게 다양한 식물을 접할 수 있었어. 목사인 아버지는 린네를 자주 정원에 데리고 가서 꽃 이름을 알려 주며 외우게 했다고 해. 덕분에 린네도 식물에 대한 호기심을 키울 수 있었지.

아버지는 린네를 훌륭한 목사로 키우고 싶어 했어. 문제는 린네가 고등학

교를 졸업할 때까지 공부를 매우 못했다는 거야. 신학을 비롯한 대다수 과목에서 나쁜 성적을 받았지. 결국 린네의 아버지는 아들을 목사로 키우겠다는 꿈을 접고 말아. 대신 가난한 집안 형편을 생각해 린네가 구두 만드는 공장의 기술자가 되기를 원했단다.

하지만 린네의 꿈은 달랐어. 그는 식물에 관심이 많았고, 관찰력과 분석력도 뛰어났어. 이를 눈여겨본 린네의 고등학교 선생님은 아버지를 찾아와 설득했어. 린네를 의과 대학에 보내라고 말이야. 그때는 의사가 약으로 쓸 식물을 직접 키웠기 때문에 의학에 '식물학'이 포함돼 있었거든.

1727년, 선생님의 추천과 후원으로 린네는 룬드 대학교에 입학해 의학을 공부하기 시작했어. 특히 평소 관심 많았던 식물학 공부를 열심히 했어.

아주 단정한 린네의 정원

린네는 학교생활의 대부분을 정원에서 보냈어. 정원의 식물들을 관찰하며 많은 꽃 표본을 만들어 보관하였지. 린네는 표본을 정리하면서 식물에도 어떤 체계와 질서가 있는 것 같다고 생각했어.

린네는 모든 것을 목록으로 만들어 정리해야만 하는 성격이었어. 체계적으로 정리되지 않으면 어떤 것도 이해할 수 없을 정도였지. 마침 생물에도 생식기관이 있음을 알게 된 린네는 생식기관을 기준으로 식물 분류를 시도했어.

남다른 성격을 재능으로 발전시킨 거야.

분류란 생물의 종류를 비슷한 점과 다른 점에 따라 정리하고 무리 짓는 일을 말해. 사실 분류는 아주 오래전부터 수많은 학자가 시도했던 일이기도 했어. 처음으로 생물을 분류한 사람은 아리스토텔레스야. 아리스토텔레스는 동물을 붉은색 피가 있는 것과 그렇지 않은 것으로 분류했지만, 과학적이고 체계적이라고 보기는 힘들었지.

린네가 만든 자연의 체계

1728년, 린네는 웁살라 대학교로 옮겨 공부를 계속하였어. 그곳에서 주로 약으로 쓰이는 식물을 수집하는 일을 했어. 이때부터 본격적으로 식물 분류 연구도 할 수 있었어.

웁살라 대학교를 졸업하고, 네덜란드로 유학을 떠난 린네는 1735년, 네덜란드 도착 직후 『자연의 체계』라는 책을 발표했어. 이 책을 내는 데 네덜란드 레이던 대학교 의학부의 식물학자인 얀 그로노비우스 교수의 도움이 컸다고 해. 그로노비우스가 린네의 원고를 보고 큰 감명을 받아 자기 돈으로 출판을 해 주었거든.

『자연의 체계』에는 아주 체계적인 생물 분류 방법과 전 세계 공통으로 사용할 수 있는 생물의 학술적 이름, 즉 '학명' 만드는 방법이 실려 있어. 린네는 책에서 7,700종의 식물과 4,400종의 동물을 분류했는데, 이는 당시 유럽에 알려져 있던 거의 모든 동식물에 해당하지.

린네의 분류 체계는 다음과 같아. 먼저 생물을 계, 강, 목, 속, 종으로 나누어. 가장 넓은 범위의 분류 체계로 '계'가 있고, 계는 식물계와 동물계로 나뉘지. 가장 좁은 범위의 분류 체계는 '종'이야. 종은 생물 분류의 기본 단위로, 비슷한 특성을 가진 생물의 무리를 말해. 린네는 생물을 점차 세부적으로 나누어 갔어. 마치 나라, 시, 구, 동으로 좁혀지는 주소 같았지.

린네가 세운 생물 분류 체계와 학명 만드는 방법은 오늘날까지 이어지고 있어. 여기에 '문'과 '과'가 추가되어 계, 문, 강, 목, 과, 속, 종으로 분류 단계가 늘긴 했지만, 기본 체계는 크게 다르지 않아.

린네는 죽을 때까지 『자연의 체계』의 수정을 거듭하며 여러 차례 개정판을 펴냈단다.

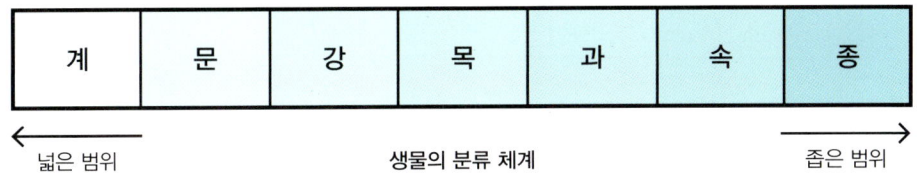

넓은 범위 ← 생물의 분류 체계 → 좁은 범위

별별 ★ 과학 스타

→ **칼 폰 린네는 이런 점이 별나**
　– 어릴 때부터 자연에 관심이 많았어.
　– 체계적으로 정리하지 않으면 아무것도 이해하지 못할 만큼 심한 강박증이 있었지만, 이것을 오히려 재능으로 발전시켰어.

→ **칼 폰 린네는 과학사를 이렇게 별다르게 만들었어**
　– 생물을 체계적으로 분류해 '분류학의 아버지'라고 불려.
　– 전 세계에서 공통적으로 쓰는 생물의 '학명'을 최초로 만든 과학자야.

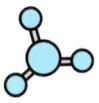

법률가 집안의 과학자

앙투안 라부아지에는 1743년 프랑스 파리에서 태어났어. 그의 아버지는 법률가였으며, 집안도 꽤 부유했다고 해. 라부아지에도 아버지처럼 법률가가 되기 위해 1761년 파리 대학교에 입학하여 법학을 전공했어. 과학에도 관심이 많아서 천문학이나 수학, 식물학, 지질학, 화학 등의 수업도 듣곤 하였지. 학교를 졸업한 후에는 법학보다 과학을 더 공부했어.

1766년, 라부아지에는 넓은 도시 거리에 불을 밝히는 가장 좋은 방법에 관한 논문을 써서 국왕에게서 금메달을 받았어. 프랑스 지질 조사 작업에도 참여해 좋은 평가를 받았지. 덕분에 25세라는 매우 젊은 나이에 프랑스 왕립 과학원 회원이 될 수 있었단다.

같은 해에 라부아지에는 세금 걷는 일을 시작해. 의외의 행보지? 당시 프

랑스에는 국가 대신 세금을 걷어 주는 세금 징수 업체가 있었는데, 라부아지에가 이 업체에 투자했거든. 물론 과학 연구도 게을리하지 않았어.

화학 반응이 일어나기 '전'에도, '후'에도 질량은 같다!

이 시기 과학자들은 화학 실험을 할 때 물질을 눈짐작으로 다루는 경우가 많았어. 하지만 라부아지에는 실험 도중 다루는 물질과 실험 후 발생한 물질의 양을 정확하게 쟀어. 그 과정에서 위대한 발견도 할 수 있었지.

라부아지에가 수은을 가열하는 실험을 할 때였어. 공기가 든 밀폐된 플라스크 안에서 수은을 가열하는 실험이었지. 실험 결과 플라스크 안에 남아 있는 공기 질량이 줄고, 수은은 붉은색의 산화 수은으로 변하며 질량이 늘었어. 산화 수은을 강하게 가열하니 다시 수은으로 변했어. 그런데 이때 생긴 기체의 질량이 수은이 산화 수은으로 변할 때 늘어난 질량과 같은 거야.

이 실험을 통해 라부아지에는 화학 반응 전 물질의 질량과 반응 후 물질의 질량이 같다는 사실을 알게 됐어. 이게 바로 '질량 보존 법칙의 법칙'이야. 물질을 이루는 성분은 화학 반응이 일어나기 전이나 후에도 사라지지 않기 때문에 질량이 같을 수 있었지.

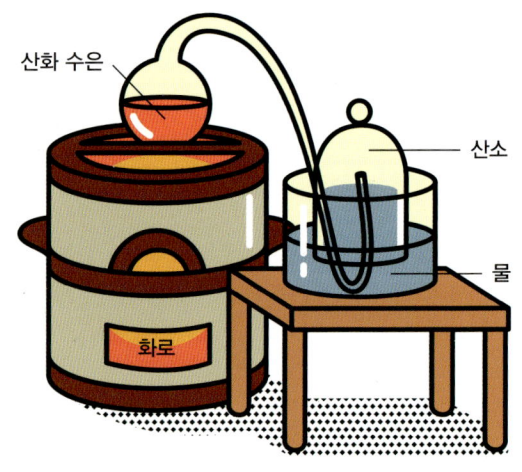

라부아지에의 수은 가열 실험

양초를 타게 하는 '산소'의 발견

1774년 영국의 화학자 조지프 프리스틀리는 산화 수은을 가열할 때 생긴 기체가 촛불을 훨씬 더 잘 타게 하는 성질이 있음을 알게 됐어. 프리스틀리는 이 기체를 '플로지스톤˚이 빠져나간 공기'라고 했어.

물질이 산소와 만나서 빛과 열을 내는 현상을 '연소'라고 해. 그런데 산소를 발견하기 이전, 과학자들은 연소를 물질 속 플로지스톤이 빛과 열을 내며 공중으로 빠져나가는 현상이라고만 생각했어. 기체도 공기로만 알고 있었지.

→ **플로지스톤** 18세기 초에 연소를 설명하기 위해 가정하였던 상상의 물질이야.

라부아지에는 실험으로 플로지스톤설을 반박했어. 그는 밀폐된 유리병 속에 양초를 켜 두었어. 잠시 후, 양초의 불이 꺼졌어. 라부아지에는 불이 꺼진 이유가 유리병 속 공기가 모두 사라졌기 때문이라고 생각했어. 양초가 타면서 유리병 안에 있던 공기를 모두 사용한 거라고 말이야. 라부아지에는 물질의 연소에 필요한 이 공기에 '산소'라는 이름을 붙였어. 물질이 타기 위해서는 '플로지스톤이 빠져나간 공기'가 아니라 '산소'가 필요했던 것이지.

라부아지에는 고열을 이용해 물을 수소와 산소로 분리하는 데도 성공했어. 이로써 물은 원소가 아닌 화합물임이 밝혀졌지. 물을 원소로 보았던 아리스토텔레스의 4원소설을 뒤집는 결과였어.

우리는 숨 쉬며 연소하고 있다

라부아지에는 물질이 타는 과정과 생명체가 호흡으로 생명을 유지하는 과정이 비슷하다는 사실도 알아냈어. 그는 햄스터와 비슷하게 생긴 기니피그라는 동물을 이용해 실험했어. 먼저 기니피그를 통에 넣었어. 그리고 다시 그 통을 얼음으로 채워진 큰 통에 넣었지. 기니피그의 체온 때문에 얼음이 녹기 시작했어. 10시간 후 얼음이 녹아서 생긴 물의 양을 재고 기니피그가 내뱉은 고정 공기의 양도 쟀어. 그때는 이산화탄소를 고정 공기라고 불렀거든.

이번에는 숯 조각을 태워 얼음을 녹였어. 기니피그가 녹인 얼음의 양만큼을 말이야. 그 과정에서 나오는 고정 공기의 양도 쟀어. 그런데 놀랍게도 기니피그가 10시간 동안 뱉은 고정 공기의 양과 거의 비슷한 거야. 라부아지에는 동물의 호흡은 매우 느리긴 해도 숯이 타는 것과 닮았다고 생각했어.

이 원리로 우리 몸에서 에너지가 만들어지는 과정을 설명할 수 있어. 동물이 음식을 먹으면 음식물 속 탄소가 호흡을 통해 들어온 공기 중 산소와 만나 이산화탄소가 돼. 이때 발생하는 에너지 때문에 동물 몸에 열이 생기는 거지. 호흡도 연소 과정의 하나인 셈이었어.

근대 화학 교과서의 집필과 프랑스 혁명

1789년 라부아지에는 평생에 걸친 연구 결과들을 정리해 『화학 원론』이라는 한 권의 책으로 펴냈어. 이 책은 최초의 근대 화학 교과서로, 화학이 과학의 한 분야로 자리를 잡는 데 큰 역할을 했지. 라부아지에는 책에서 질량 보존의 법칙을 소개하고, 제각각이던 물질의 이름을 33개의 원소로 정리했어. 또한, 화학적 방법으로 더는 쪼갤 수 없는 물질이 원소이고 모든 물질은 원소들로 이루어진 화합물이라고 설명했단다.

프랑스 혁명 후, 라부아지에는 사형을 선고받았어. 세금 걷는 일을 했다는 게 그 이유였지. 이 시기 세금 징수관들의 부패가 심했거든.

라부아지에는 재판장에게 중요한 실험이 있으니 이를 끝낼 수 있도록 재판 날짜를 조금만 연기해 달라고 부탁했지만, 재판장은 그의 부탁을 들어주지 않았어. 결국 1794년, 라부아지에는 단두대에서 처형당하고 말아. 얼마 지나지 않아 사람들은 라부아지에의 처형은 잘못된 판결이었다고 비판하며 그의 죽음을 안타까워했다고 해.

별별 ★ 과학 스타

→ **앙투안 라부아지에는 이런 점이 별나**
  - 법학 전공생의 신분으로 다른 학문 분야인 과학을 공부했어.

→ **앙투안 라부아지에는 과학사를 이렇게 별다르게 만들었어**
  - 실험을 통해 당시 과학자들이 믿고 있던 플로지스톤설을 반박했어.
  - 산소와 수소의 이름을 처음 사용하고, 화학 물질의 이름을 통일해 33개 원소로 정리했어.
  - 질량 보존의 법칙 등을 발견해 화학의 기초를 세웠어. 화학이 과학의 한 분야로 자리 잡는 데 크게 기여했지.

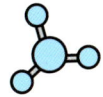

학교 밖에서도 공부할 수 있으니까!

존 돌턴은 1766년 영국 컴벌랜드의 작은 마을에서 가난한 직물공의 아들로 태어났어. 그는 어릴 때부터 매우 성실했어. 하지만 어려운 집안 형편 때문에 상급 학교 진학을 포기해야 했지. 그래도 배움에 대한 열의는 강해서 공부를 포기하진 않았다고 해. 친구들과 누가 문제를 더 잘 푸나 내기하며 공부에 대한 의욕을 북돋기도 했어.

돌턴의 공부를 적극적으로 도운 친구도 있었어. 과학 지식이 풍부하고 수학을 잘하는 친구였는데, 돌턴은 그 친구 덕분에 수학을 배울 수 있었지. 그 친구의 책과 잡지를 빌려 읽으며 많은 지식도 쌓았단다.

마침내 능력을 인정받은 돌턴은 12살 때부터 아이들에게 수학과 과학 가르치는 일을 시작해. 일을 하기에는 이른 나이였지만 돌턴은 집안 살림에 보탬이 되고 싶었어. 2년 후, 돌턴이 아이들을 가르치던 강습소가 폐쇄되면서 돌턴도 일을 그만두었어.

빨간색과 초록색이 지워진 돌턴의 세계

1781년에 돌턴은 형과 사촌이 운영하는 학교에 들어가 다시 아이들을 가르치기 시작했어. 혼자 수학과 라틴어 등을 공부하여 아이들에게 알려 주었지.

돌턴은 연구도 하고 돈도 벌 겸 약간의 수강료를 받으며 과학 강연을 하기 시작했어. 강연을 들은 사람들의 반응이 매우 좋았지. 돌턴의 강연을 원하는 곳도 늘어났어. 그 덕분에 돌턴은 1793년 맨체스터에 새로 생긴 대학교에서 수학과 자연 철학 강의를 하는 강사가 될 수 있었어.

돌턴은 다양한 분야를 연구했어. 기상 현상도 그중 하나였어. 얼마나 부지런했는지, 돌턴은 죽을 때까지 하루도 빠지지 않고 날씨를 기록했다고 해.

어느 날, 돌턴은 자신이 빨간색과 초록색을 잘 구분하지 못 하는 색맹이라는 사실을 알게 돼. 그때부터 색맹도 연구했는데, 1794년에는 논문을 발표하기도 했어. 이후로도 돌턴의 색맹 연구는 계속됐어. 그래서 색맹은 돌턴증이라 불리기도 해.

원소보다 더 작은 것이 있을까?

1799년, 대학교를 졸업한 돌턴은 수학과 과학 분야 강사로 전보다 더 활발하게 활동했어. 런던, 에든버러 등 대도시에서 초대를 받아 강연하기도 하고, 학생들을 직접 가르치는 개인 교습도 하며 생계를 유지하였어.

돌턴이 가장 관심을 가진 분야는 '기체'였어. 돌턴은 기체를 연구하며 산소나 수소 같은 원소가 아주 작은 알갱이로 이루어졌을지도 모른다고 생각했어. 그때는 물질을 이루는 기본 성분인 원소의 개념만 있었고, 그보다 더 작은 물질 단위에 관해서는 연구된 것이 없었거든. 라부아지에도 화학적인 방법으로 더는 나눌 수 없는 물질을 원소라고 보았으니 말이야.

돌턴은 연구를 거듭한 끝에 물질을 이루는 더 작은 알갱이가 있음을 깨달았어. 이 알갱이에 '원자'라는 이름도 붙여 주었지. 그리고 1803년, 맨체스터 대학교에서 원자론을 발표하였어.

돌턴의 원자론을 정리하면 다음과 같아. 세상 모든 물질은 더는 쪼갤 수 없는 원자로 이루어져 있고, 한 원소의 원자는 모두 크기와 성질, 질량이 똑같아. 두 가지 이상의 원자로 이루어진 물질은 화합물이라고 해. 화학 반응이 일어날 때 이 화합물의 원자는 서로 자리만 바꿀 뿐 새로 생기거나 없어지지 않지.

간단한 수식으로 풀어낸 화학 반응, 배수 비례의 법칙

1804년, 돌턴은 '배수 비례의 법칙'도 발표했어. 이는 두 종류의 원소가 더해져 두 종류 이상의 화합물을 만들 때, 더해지는 두 원소의 질량은 정수 비례* 한다는 법칙이야. 질소와 산소를 예로 들어 볼게. 질소 14g에 산소 16g을 결합하면 일산화 질소가, 산소 32g을 결합하면 이산화 질소가 만들어져. 두 화합물에서 일정량의 질소에 대한 산소의 양은 1:2로 정수 비례를 이루는 것이지.

과학자들은 배수 비례 법칙을 이용해 화학 반응을 간단한 수식으로 표현할 수 있게 됐어. 돌턴의 배수 비례 법칙과 원자론 덕분에 근대 화학이 크게 발전할 수 있었지.

→ **정수 비례** 두 종류의 물질을 더해 화합물을 만들 때 각 물질 사이에 정해져 있는 변하지 않는 성분비를 말해. 물을 만들기 위해서는 수소와 산소가 항상 2:1로 화합해야 하지.

산소가 수증기보다 무겁다고? 원자론의 오류

하지만 돌턴의 원자론은 다른 과학자들의 연구 결과와 안 맞는 부분이 있었어. 만약 물질이 원자로 이루어져 있다면, 산소는 수증기보다 가벼워야 하잖아. 물은 산소와 수소가 결합한 것이니까 말이야. 하지만 산소가 수증기보다 무거웠어.

이탈리아의 과학자 아보가드로는 '분자설'을 발표하며 원자론을 보완했어. 분자설은 기체는 하나의 원자가 아닌 여러 개의 원자가 결합한 입자로 이루어져 있고, 그 입자야말로 물질의 성질을 지닌 가장 작은 단위, '분자'라는 주장이야.

분자설에 따르면 산소는 원자 2개가 결합한 분자로 이루어져 있어. 수소도 마찬가지지. 그런데 산소 원자 1개의 질량이 수소 원자 1개의 질량보다 훨씬 무겁거든. 산소와 수소가 1:2의 비로 결합하여 수증기를 만든다면, 수증기의 분자는 산소 원자 1개와 수소 원자 2개로 이루어지게 돼. 무거운 산소 원자 2개로 이루어진 산소 분자보다 산소 원자가 1개밖에 들어가지 않는 수증기가 더 가벼운 것이지.

수증기의 무게 〈 산소의 무게

별별 ★ 과학 스타

→ **존 돌턴은 이런 점이 별나**
- 어릴 때부터 아주 성실했어. 가정 형편 때문에 상급 학교에 진학하지 못했지만 일을 하면서도 공부를 포기하지 않았어.
- 기상 현상, 색맹, 원자론 등 어떤 분야든 연구를 시작하면 포기하지 않고 꾸준히 했어.

→ **존 돌턴은 과학사를 이렇게 별다르게 만들었어**
- 원소보다 더 작은 단위인 '원자'의 개념을 세우며 분자설의 토대를 마련했어.
- 배수 비례 법칙을 발표했어. 덕분에 복잡한 화학 반응을 간단한 수식으로 정리할 수 있게 되었지.

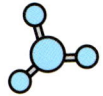

책을 좋아하던 제본소의 심부름꾼

마이클 패러데이는 영국 런던의 작은 마을에서 태어났어. 그의 아버지는 대장장이였는데, 집안이 무척 가난했다고 해. 패러데이는 가난 때문에 학교에 가지 못하고, 글과 간단한 산수만 배운 뒤 일자리를 찾아 나서야 했어. 13살 때부터 제본소에서 심부름을 하며 돈을 벌었지.

패러데이는 부지런하고 총명해서 일을 잘했어. 제본소에서 일을 시작한 지 1년 만에 능력을 인정받아 책 만드는 기술을 배울 수 있었지. 패러데이가 일하는 제본소에는 책이 아주 많이 쌓여 있어서 일하는 틈틈이 책도 읽을 수 있었어. 패러데이는 일이 끝나도 집에 가지 않고 제본소에 남아 책을 읽곤 했어. 이때 브리태니커 백과사전에서 전기에 관한 글을 읽고 전기에 큰 흥미를 느꼈어. 읽는 것에 그치지 않고 직접 실험 도구를 만들어 책 속 실험을 해 보기도 했지.

책 만드는 기술자에서 왕립 연구소의 실험실장까지

1812년 봄, 패러데이는 우연히 왕립 연구소 교수이자 유명한 화학자인 험프리 데이비의 강연을 듣게 되었어. 패러데이는 강연에 크게 감명받고 과학자를 꿈꾸기 시작했어. 하지만 배운 것 없는 가난한 제본소 직원이 어떻게 과학자가 될 수 있겠어. 패러데이는 무작정 데이비에게 편지를 썼어. 그렇게 해서 데이비를 만나기는 했지만, 데이비는 나중에 필요하면 부르겠다는 말과 함께 패러데이를 돌려보냈어.

1813년, 드디어 패러데이에게 행운이 찾아왔어. 데이비가 왕립 연구소 실험실 조수로 패러데이를 채용한 거야. 패러데이는 아예 왕립 연구소로 거처를 옮기고 데이비의 실험과 강연을 도왔어. 자기 실험도 하면서 조금씩 연구 업적을 쌓았지. 점차 능력을 인정받은 패러데이는 1825년, 데이비의 뒤를 이어 왕립 연구소의 실험실장이 돼.

자석과 구리선 사이에 전기가 흐른다, 전자기 유도

패러데이는 처음에 화학 연구를 주로 했지만, 차츰 전기로 연구 분야를 넓혔어. 그리고 그의 가장 큰 업적이라 할 수 있는 '전자기 유도 현상'을 발견하게 되지. 1831년, 패러데이는 구리선을 감아 코일*을 만든 다음, 코일 안에 자석을 넣었다 빼기를 반복했어. 그러자 코일에 전기가 흐르는 거야. 반대로 자석 주위에서 코일을 움직여도 전기가 흘렀어.

패러데이는 코일이나 자석의 움직임이 자기장*에 변화를 줘 전기를 흐르게 한다는 사실을 알아냈어. 이처럼 자기장 변화가 전기를 흐르게 하는 현상을 전자기 유도라고 해. 패러데이는 두 개의 자석 사이에서 코일을 계속 움직이며 자기장을 관찰했어. 자기장 역시 계속 변하면서 전기 흐름을 꾸준히 만들었지. 이 원리를 이용한 발명품이 발전기란다.

코일에 전기가 흐르도록 하면 두 개의 자석 사이에서

→ **코일** 나사 모양이나 원통 모양으로 여러 번 감은 쇠붙이 줄을 말해.
→ **자기장** 자석의 힘이 미치는 공간. 자석이 철가루를 끌어당기는 힘을 자기력이라고 하는데, 그 자기력이 미치는 영역이 자기장이야.

코일이 자기장의 힘을 받아 계속 움직인다는 사실도 알게 됐어. 전자 제품 등에 쓰이는 모터는 이 원리로 만들어졌어.

패러데이는 화학과 전기를 결합하여 다양한 물질을 전기 분해하기도 했어. 그 과정에서 전기 분해로 생기는 물질의 양과 전류의 양 사이에 일정한 관계가 있다는 '전기 분해 법칙'을 발견했지. 전기를 설명하면서 양극, 음극, 음이온, 양이온, 전극*이라는 말을 처음 사용한 사람도 패러데이였어.

패러데이의 전자기 유도 실험

→ **전극과 이온** 전극은 전기가 드나드는 곳으로, 전지의 양극과 음극을 뜻해. 양극(+)은 전류가 흘러 들어가는 극이고 음극(−)은 전류가 나오는 극이지. 음이온와 양이온은 원자를 설명할 때 쓰는 말이야. 중성의 원자가 전자를 잃으면 + 전하를 띠는 양이온이 되고, 전자를 얻으면 − 전하를 띠는 음이온이 돼.

영국 왕립 연구소의 스타 강사, 패러데이

패러데이는 연구뿐 아니라 강연에서도 뛰어난 재능을 보였어. 1816년에 왕립 연구소에서 패러데이의 첫 강연이 있었는데, 청중들의 호응이 무척 좋았다고 해. 그는 강연을 성실하게 준비했고, 무엇보다 과학을 아주 쉽게 설명해 주었거든. 명랑한 성격과 유머로 강연을 더 재미있게 만들었지. 패러데이에의 강연에는 늘 많은 사람이 모였어.

왕립 연구소 실험실장이 되고부터는 가난한 아이들을 위한 크리스마스 과학 강연도 시작했어. 패러데이는 매년 크리스마스 때마다 아이들을 모아 놓고 과학 이야기를 들려주는 시간을 가졌지. 영국 왕립 연구소의 크리스마스 과학 강연은 패러데이가 죽은 뒤에도 계속 이어지며 지금은 세계적인 강연이 되었어. 크리스마스 시즌마다 텔레비전을 통해 영국 전역에 방영되고 있지.

별별 ★ 과학 스타

→ **마이클 패러데이는 이런 점이 별나**
- 가난한 집안에서 태어나 돈을 벌기 위해 어린 나이부터 제본소에서 일했어. 자연스럽게 많은 책을 접하며 책에 푹 빠져들었어.
- 학교 교육을 받지 못했지만 과학자의 꿈을 포기하지 않았어.
- 꿈을 이루기 위해 당대 최고의 과학자에게 편지를 쓸 정도로 용감했어.

→ **마이클 패러데이는 과학사를 이렇게 별다르게 만들었어**
- 전자기 유도 현상과 전기 분해 법칙을 발견해 오늘날 '전자기학의 아버지'로 불려.
- 수많은 실험을 시도하며 전자기학의 기초를 세웠어. 그 덕분에 과학사에서 최고의 실험 물리학자로 평가받고 있지.

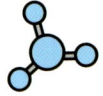

벌레 모으는 이상한 신학생

찰스 다윈은 1809년 영국 슈루즈베리에서 의사의 아들로 태어났어. 다윈은 어릴 때부터 무엇이든 기록하기를 좋아했어. 일기도 꾸준히 썼고, 곤충이나 식물, 새알, 광물 등을 수집하곤 했지.

다윈은 16살이 되던 해에 아버지의 권유로 에든버러 대학교 의학과에 입학했지만, 의학 공부에 크게 흥미를 느끼지는 못했어. 그러자 아버지도 의사에서 성직자로 마음을 바꾸었어. 결국 다윈은 다시 케임브리지 대학교 신학교에 입학하게 돼. 그곳에서 신학 공부를 하면서 생물학이나 지질학 등에도 관심을 두었지. 같은 대학교의 식물학 교수였던 존 헨즐로를 알게 되고부터 자연 과학에 대한 다윈의 관심도 더 깊어졌단다.

새로운 동식물이 숨 쉬는 곳으로, 갈라파고스 제도 탐험

1831년, 신학과를 졸업한 다윈은 성직자가 되는 일에는 관심이 없었어. 대신 헨즐로 교수의 추천으로 남아메리카 대륙과 오스트레일리아, 남태평양의 여러 섬을 탐사할 예정인 영국 해군의 배, 비글호에 몸을 실었어. 다윈은 자연 과학자 자격으로 배를 타고 다니며 곳곳의 동식물과 화석을 수집하고 지질을 관찰했어.

비글호는 남아메리카 대륙에서 약 1,000킬로미터 떨어진 갈라파고스 제도에 도착했어. 갈라파고스 제도는 육지에서 멀리 떨어져 있고, 바닷물 흐름과 바람 때문에 동식물이 옮겨 오기 힘든 곳이었지. 다윈은 이곳의 동식물들이 같은 종류라 하더라도 남아메리카의 것과는 확연히 다르다는 것을 느꼈어. 게다가 섬마다도 차이가 있었어. 코끼리거북의 등딱지 모양이나 핀치새의 몸 색깔, 부리 모양 같은 것들 말이야. 다윈은 그 이유가 궁금했어.

생물은 진화한다 VS 신이 생물을 창조했다

비글호는 5년간의 탐사를 끝내고 1836년에 영국으로 돌아왔어. 다윈의 손에는 탐사 기간에 자신이 보고 느낀 것을 꼼꼼하게 기록한 18권의 노트가 있었지. 노트에는 다윈이 직접 그린 그림도 많았어.

다윈은 자신이 수집해 온 자료를 정리하면서 자연환경에 따라 생물의 특징이 달라진다는 사실을 알게 되었어. 환경이 변하면 생물도 환경에 맞추어 모습을 바꿔 왔던 것이지. 생물은 진화하고 있었던 거야. 다윈은 이를 증명하기 위해 연구를 시작했어.

집 정원에서 동식물을 키우며 실험과 관찰을 계속했고, 사육사와 원예가들을 찾아다니며 조언을 구했어. 1844년, 마침내 다윈은 생물 진화에 관한 논문을 완성했어.

한편으론 걱정도 되었어. 신이 생물을 창조했다고 믿는 사람들이 '생물은 진화한다.'라고 주장하는 자신의 연구 결과를 비난할 수도 있으니 말이야. 다윈은 곧장 논문을 발표하지 않고 더 많은 증거를 모으는 데 열중했어.

생물은 어떻게 다른 종으로 '진화'할까?

1858년, 다윈은 생물학자 앨프리드 월리스가 보낸 짧은 논문을 하나를 받고 매우 놀랐어. 월리스의 논문 내용이 다윈의 연구 내용과 같았거든. 다른 과학자들은 다윈에게 공동으로 논문을 발표해 보라고 조언했어. 결국, 다윈과 월리스는 자신들의 논문을 함께 묶어 1858년에 진화론을 발표했어. 그 이듬해에 다윈은 생물의 진화를 설명하는 책 『종의 기원』을 펴냈어.

『종의 기원』에서 다윈은 같은 종류의 생물이라도 모습이 조금씩 다른 것을 '변이'라고 했어. 변이는 환경에 따라 살아가는 데 유리할 수도 있고 불리할 수도 있지만, 경쟁에 유리한 변이를 가진 구성원이 다른 구성원보다 더 많이 살아남아. 이것을 '자연 선택'이라고 해. 자연 선택으로 살아남은 구성원은 번식을 통해 자기 변이를 자손에게 물려주지. 갈라파고스 제도의 핀치새처럼 오랜 기간 섬에 갇혀 이 과정을 반복하면 변이가 점점 뚜렷해져서 기존의 핀치새와도 크게 달라져. 완전히 다른 종이 되는 거야.

『종의 기원』은 생물이 새로운 종으로의 진화가 이루어지는 과정을 설명하며 사람들의 오래된 믿음을 흔들어 놓았지.

별별 ★ 과학 스타

→ **찰스 다윈은 이런 점이 별나**
- 어릴 때부터 무엇이든 기록하기를 좋아하고, 곤충과 식물 수집을 즐겼어.

→ **찰스 다윈은 과학사를 이렇게 별다르게 만들었어**
- 진화론으로 사람들의 믿음을 완전히 바꾸어 놓았어. 이전까지 사람들은 신이 생물을 창조했다고 생각했었거든.
- 진화론은 생물학을 넘어 다른 학문 분야에도 영향을 미쳤어. 사회와 경제, 심지어는 인간의 심리도 진화론의 관점에서 분석되었지.

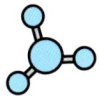

가난한 소년, 공부하기 위해 수도원에 가다

그레고어 멘델은 1822년 오스트리아 제국 하인첸도르프의 농촌 마을에서 태어났어. 가난한 농부의 아들로 태어나 어릴 때부터 농사일을 도우며 자연스럽게 자연에 관심을 가졌지. 마을에서 보기 드문 영리한 아이였지만, 부모님은 멘델을 대학교에 보낼 형편이 아니었어. 아버지마저 병이 들자 멘델은 대학교 진학을 포기하고 말아.

하지만 멘델은 계속 공부하고 싶었어. 그래서 1843년, 고향 근처 작은 도시 브륀에 있는 성 토마스 수도원에 들어갔지. 그즈음 성 토마스 수도원은 학문의 중심지로 탈바꿈하는 중이었고 수도원 사제 중에는 식물학자, 천문학자, 철학자 등 사회에 알려진 뛰어난 학자가 많았거든. 멘델은 이 수도원에서 돈 걱정 없이 신학과 과학을 공부할 수 있었어.

1851년, 멘델의 뛰어난 능력을 알아본 수도원장은 그를 빈 대학교로 보냈어. 덕분에 멘델은 빈 대학교에서 2년 동안 물리학, 수학, 생리학, 식물학 등을 공부할 수 있었어. 공부를 포기할 뻔했는데 대학교까지 가게 됐으니, 멘델은 자기가 특권을 누리고 있다고 생각하며 누구보다 열심히 공부했지.

다시 브륀으로 돌아온 멘델은 기술고등학교에서 자연 과학을 가르쳤어. 1856년부터는 수도원 뒤뜰에 완두를 심고 유전을 연구하기 시작했단다.

부모와 자식은 얼마나 닮았을까? 완두콩 유전 연구

부모의 생김새나 특징이 자식에게 전해지는 현상을 '유전'이라고 해. 과학이 발달하기 전에는 유전이 일어나는 이유를 궁금해하기만 했지 제대로 연구하지는 못했어. 그래서 옛날 사람들은 부모의 특징이 섞여 그 중간 성질이 자식에게 나타난다고 생각했지.

멘델은 여기에 의문을 품고 실험을 시작했어. 실험 재료는 완두였어. 완두는 기르기 쉬울 뿐만 아니라 짧은 시간에 많은 자손을 얻을 수 있어서 유전 실험의 재료로 가장 적당했거든.

멘델은 완두를 재배하며 완두콩의 색깔이나 모양, 콩깍지 색깔 등에서 뚜렷하게 대립하는 두 형질이 있음을 알아냈어. 완두콩의 색깔은 노란색과 녹색으로 나뉘었고, 모양도 주름진 것과 둥근 것이 있었지. 이들은 대립하는 형질이야. 멘델은 이 대립 형질을 가진 완두콩 가운데 일곱 쌍을 선택해 교배 실험을 하였어.

→ **형질** 동식물의 모양이나 크기, 성질 등의 고유한 특징을 말해.

힘이 더 센 유전자가 있다? 우열의 법칙

멘델은 같은 모양과 색을 가진 완두콩끼리 계속 교배하여 순종 완두콩을 만들어 냈어. 그런 다음 서로 대립하는 형질을 가진 순종 완두콩끼리 교배시켜 보았어. 결과는 놀라웠어. 자손 완두콩에게는 둘 중 한 가지 형질만 나타났어. 노란색 완두콩과 녹색 완두콩을 교배하면 노란색 완두콩만 나오는 식이었지. 멘델은 이 실험으로 자식에게는 부모의 중간 형질이 나타나는 것이 아니라 부모 중 어느 한쪽의 형질만 나타난다는 사실을 알아냈어.

멘델은 대립하는 형질에 우성과 열성˙이 있다는 것도 알게 되었어. 예를 들면, 노란색 완두콩은 우성이고 녹색 완두콩은 열성이야. 그리고 우성 순종과 열성 순종을 교배시키면 잡종이 되는데, 이 잡종의 겉모습은 우성 순종과 같았지. 이것을 '우열의 법칙'이라고 해.

→ **우성과 열성** 대립 형질끼리 교배했을 때, 바로 다음 세대(잡종 제1대)에서 나타나는 형질을 우성이라고 해. 반대로 잡종 제1대에 나타나지 않는 형질을 열성이라고 하지.

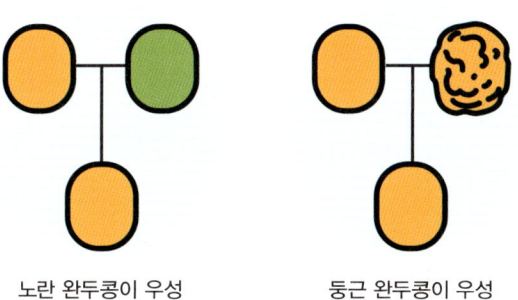

노란 완두콩이 우성   둥근 완두콩이 우성

무작위인 듯 보이지만 유전에도 법칙이 있다

멘델은 다시 잡종끼리 교배시켜 보았어. 우성과 열성의 비율이 3:1로 나왔어. 다시 말해 잡종 노란색 완두콩끼리 교배했을 때, 노란색 완두콩과 녹색 완두콩이 각 3:1의 비율로 나왔던 거야. 이것을 '분리의 법칙'이라고 해.

멘델은 두 가지 이상의 대립 형질이 동시에 유전되는 경우도 실험하였어. 노란색의 둥근 완두콩 순종과 녹색의 주름진 완두콩 순종을 교배해서 노란색 둥근 완두콩을 얻었다고 해 보자. 이 노란색 둥근 완두콩끼리 교배했더니, 둥근 완두콩과 주름진 완두콩이 3:1의 비율을 그대로 유지했어. 색깔도 마찬가지였어. 노란색과 녹색이 3:1 비율로 나타났지. 이처럼 두 가지 대립 형질이 동시에 유전될 때, 각각의 대립 형질은 서로 영향을 주지 않고 독립적으로 유전되는데 이것은 '독립의 법칙'이라고 해.

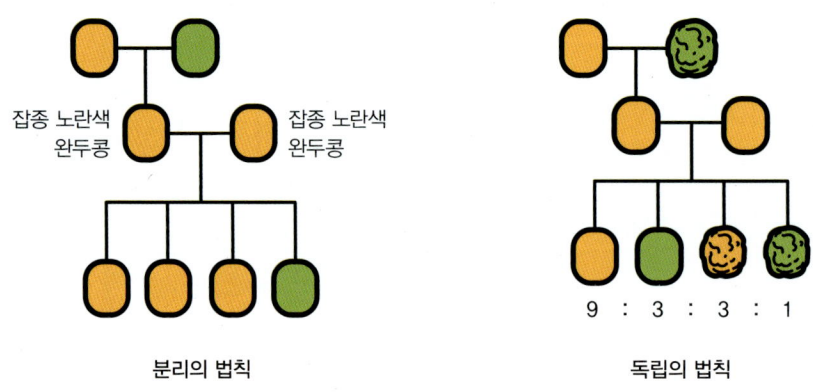

분리의 법칙   독립의 법칙

세상을 떠난 후에야 인정받은 연구

1865년, 멘델은 자신의 연구 결과를 발표하였어. 하지만 그의 유전 법칙은 과학계에서 주목받지 못하고 묻혀 버렸어. 멘델이 죽은 뒤 더프리스, 체르마크, 코렌스 등의 과학자가 생물의 유전 현상을 연구하여 유전에 일정한 법칙이 있음을 알아냈어. 사실 그들의 연구 결과는 멘델의 유전 법칙과 크게 다르지 않았지. 멘델이 죽고 16년이 지난 1900년에 일어난 일이었어. 이 과정에

서 멘델의 유전 법칙이 알려지기 시작했고, 멘델은 오늘날까지 '유전학의 아버지'로 인정받고 있단다.

별별 ★ 과학 스타

→ **그레고어 멘델은 이런 점이 별나**
  – 수도원에서 과학을 공부할 만큼 공부에 대한 열의와 끈기가 대단했어.
  – 8년 동안이나 완두를 키우고 관찰하며 끈기 있게 연구를 이어 갔어.

→ **그레고어 멘델은 과학사를 이렇게 별다르게 만들었어**
  – 처음으로 유전 법칙을 발견하여 유전학의 기틀을 마련했어. 그래서 '유전학의 아버지'로 인정받고 있지.

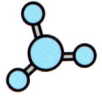

교사를 포기하고 선택한 과학자의 길

　루이 파스퇴르는 1822년 프랑스 동부의 도시 돌에서 태어났어. 그의 아버지는 가죽 가공하는 일을 했어. 무엇보다 교육열이 무척 높은 사람이었어. 파스퇴르는 어릴 때부터 호기심이 많고 관찰력도 뛰어났어. 그림 실력도 매우 좋아서 자기가 관찰한 것을 그림으로 남기곤 했어. 그러나 파스퇴르의 아버지는 파스퇴르가 화가보다는 교사, 또는 학자가 되길 원했지.

　파스퇴르는 아버지의 적극적인 지원을 받으며 프랑스 최고 명문 학교인 파리 고등 사범 학교에 지원하였어. 입학시험을 통과하긴 했지만 좋은 성적은 아니었어. 파스퇴르는 과감히 입학을 포기하고 다시 열심히 공부하여 1년 후, 같은 학교의 입학시험을 또 보았어. 이번에는 우수한 성적을 받았지. 그제야 만족하며 학교에 들어갔어. 그는 학교에서 화학과 물리학을 공부하며 점차 과학에 매력을 느꼈고, 나중에는 거의 매일 실험실을 찾았다고 해.

　1846년, 파스퇴르는 뛰어난 성적으로 물리 교사 시험에 합격하였어. 하지만 교사가 되기보다는 실험실에서 계속 연구하고 싶은 마음이 컸어. 교수들도 과학에 대한 파스퇴르의 재능을 알고 있던 터라 그를 잡고 싶어 했지. 결국 파스퇴르는 학교에 남는 것을 선택했어. 학교에서 연구를 계속하며 1847년에 화학과 물리학 박사 학위를 받아어. 1849년에는 화학 교수가 되었지.

곡물 발효 중 발견한 미생물

파스퇴르는 곡물과 사탕수수를 발효해 술을 만드는 한 기업가의 부탁을 받고 발효*를 연구했어. 화학자인 파스퇴르가 왜 발효 연구를 하느냐고? 이 시기 사람들은 발효가 화학 작용이라 생각했거든.

1857년, 파스퇴르는 자신의 연구 결과를 논문으로 발표하였어. 발효는 미생물이 활동하면서 일어나고, 발효가 일어나지 않는 이유 역시 꼭 필요한 미생물이 없거나 자라지 못했기 때문이라는 내용이었지. 이때부터 그는 미생물 연구에 힘을 쏟기 시작해.

→ 발효 세균 등의 미생물이 유기물을 분해시키는 작용을 발효라고 해. 김치, 된장, 치즈 등의 발효 식품은 이 발효 과정을 통해 만들어진 거야.

미생물은 저절로 생겨나지 않아

이즈음 과학자들 사이에서는 미생물이 어떻게 생겨나는지를 두고 논쟁이 벌어졌어. 오래전부터 사람들은 미생물이 자연 상태에서 저절로 만들어진다고 생각했어. 이를 '자연 발생설'이라고 하는데, 여기에 의문을 품는 과학자들이 하나둘 나타났던 거야.

1862년, 파스퇴르는 백조목 플라스크 실험을 해. 그는 플라스크에 수프를 넣고 플라스크 목 부분을 늘려 에스(S)자 모양으로 구부러뜨렸어. 그리고 플라스크 안의 수프를 끓였어. 수프에서 나온 수증기는 플라스크의 목 부분에 물방울처럼 맺혔고, 플라스크가 식자 목 부분에 고인 물방울이 외부 공기를 막았어. 그 후, 한 달이 지나도 플라스크 안의 수프에는 미생물이 생기지 않았어. 파스퇴르는 다시 플라스크를 기울여 목 부분에 있던 물이 수프 안으로 들어가도록 했어. 며칠 후 수프는 미생물에 오염되어 부패했어. 그동안은 플라스크 목 부분에 있는 물이 외부 미생물을 막아 수프가 오염되지 않을 수 있었던 것이지. 이 실험으로 수프에서 미생물이 저절로 생길 거라는, 자연 발생설이 틀렸음이 증명되었어.

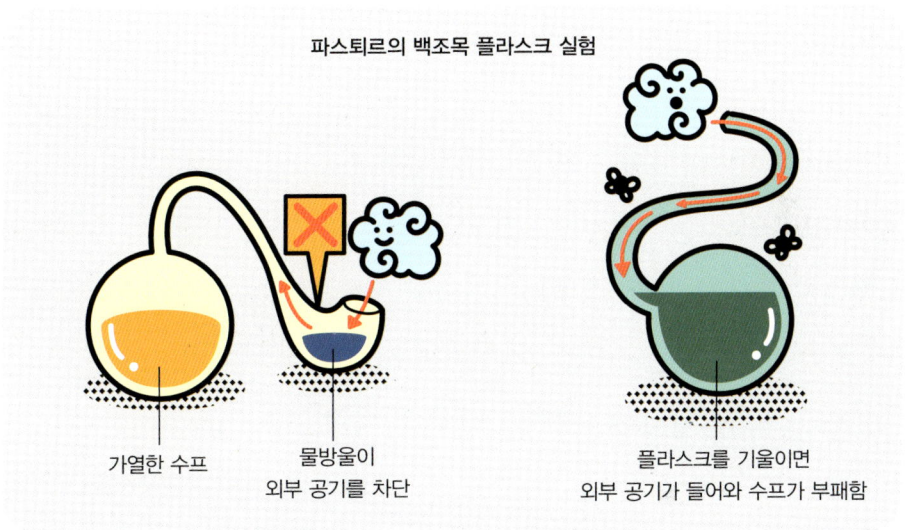

파스퇴르의 백조목 플라스크 실험

가열한 수프
물방울이 외부 공기를 차단
플라스크를 기울이면 외부 공기가 들어와 수프가 부패함

파스퇴르는 미생물로 인해 우유나 포도주 등이 쉽게 상하는 것을 막는 방법도 알아냈어. 우유와 포도주의 맛은 유지하면서 그 안에 있는 미생물만 죽이는 적당한 온도를 발견해 낸 것이지. 이 방법을 '저온 살균법*'이라고 불러.

→ **저온 살균법** 음식을 낮은 온도에서 끓여 음식의 맛과 영양소는 지키면서 미생물을 죽이는 방법이야. 60~65도의 온도에서 30분간 가열하는 것이 일반적이지.

감염병을 막는 백신의 우연한 발견

파스퇴르는 최초로 백신을 개발한 과학자이기도 했어. 1880년, 파스퇴르는 조수에게 세균을 배양하도록 지시했어. 그런데 조수는 그 지시를 깜박 잊고 휴가를 떠나고 말아. 며칠 후, 파스퇴르는 오래된 배양액 안에서 영양분이 부족해 약해질 대로 약해진 닭 콜레라균을 발견했어. 파스퇴르는 이 약해진 균도 닭에게 콜레라를 일으킬 수 있는지 궁금해졌어. 그래서 균을 닭에게 주사했는데 닭은 콜레라에 걸리지 않았지. 같은 닭에게 다시 강한 콜레라균을 주사하자 닭은 콜레라를 조금 앓다가 금방 나았어.

파스퇴르는 약해진 세균을 주사해 병을 가볍게 앓으면 그 병에 대한 면역력이 생긴다는 사실을 깨달았어. 그리고 이 약한 세균에 '백신'이라는 이름을 붙였단다. 그 후, 파스퇴르는 탄저병 백신과 광견병 백신도 개발하였지.

별별 ★ 과학 스타

→ **루이 파스퇴르는 이런 점이 별나**
- 호기심이 많고 관찰력이 좋은 아이였어.
- 입학시험에 낮은 성적으로 합격하자 입학을 포기하고, 1년 후 다시 입학시험을 치를 정도로 완벽을 추구하는 성격이었어.

→ **루이 파스퇴르는 과학사를 이렇게 별다르게 만들었어**
- 발효가 미생물 때문에 일어난다는 사실을 밝혀내며 미생물학을 개척했어.
- 백조목 플라스크 실험으로 미생물의 자연 발생설이 틀렸음을 증명했어.
- 닭 콜레라, 탄저병, 광견병 백신을 개발했어. '백신'이라는 이름을 처음 사용한 사람도 루이 파스퇴르야.

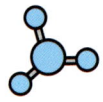

수학을 잘하는 시골뜨기

제임스 클러크 맥스웰은 1831년 영국 스코틀랜드의 명망 높고 부유한 집안의 외동아들로 태어났어. 그의 아버지는 스코틀랜드 남서부 갤러웨이 지역, 외딴 시골의 땅을 물려받고 그곳에 집을 지었어. 덕분에 맥스웰도 시골에서 어린 시절을 보내야 했지.

8살 때 어머니를 암으로 잃은 맥스웰은 아버지와 가깝게 지냈다고 해. 아버지는 법률가였지만, 발전하는 과학과 기술에 관심이 많았어. 맥스웰이 과학에 관심을 가지게 된 데에도 이런 아버지의 영향이 컸을 거야.

1841년, 맥스웰은 10살이 되자 제대로 된 교육을 받기 위해 에든버러 아카데미에 입학하였어. 그곳에서 시골 티가 난다는 이유로 놀림을 받기도 했지만 조금씩 학교에 적응하며 친구도 많이 사귀었지. 무엇보다 수학에 탁월한 재능을 보였어.

전자기 연구를 시작하다

1847년, 맥스웰은 에든버러 대학교에 입학했어. 3년 후, 케임브리지 대학교로 옮겨 공부를 계속했지. 맥스웰은 케임브리지 대학교에서 천체 역학, 파동 광학 등에 이용되는 복잡한 수학을 공부하였어. 1854년에 2등으로 졸업한 뒤, 1856년까지 약 2년 동안 케임브리지 대학교에서 연구원으로 있었어.

이 시기 맥스웰은 빛의 삼원색˙을 섞었을 때, 섞는 비율에 따라 빛이 여러 가지 색으로 보이는 현상을 연구했어. 이 원리는 오늘날 컬러텔레비전과 컬러 인쇄에 사용되는 방식과 같아.

> → **빛의 삼원색** 빛의 삼원색은 빨간색, 녹색, 파란색이야.

맥스웰은 에버딘에 있는 한 대학에서 자연 철학 교수로 있다가 런던 킹스 칼리지로 갔어. 그곳에서 자연 철학 및 천문학 교수를 지내며 훗날 자신의 가장 중요한 업적으로 남을 전자기 이론에 관한 연구를 완성했지.

전기와 자기가 같은 힘이라고?

맥스웰의 전자기 이론은 패러데이의 전자기 유도 현상을 발전시켜 전기와 자기를 하나의 힘으로 묶은 거라고 이해하면 쉬워. 사람들은 처음에 전기와 자기를 다른 힘으로 받아들였어. 전기는 전기를 띤 힘이고 자기는 자석이 만들어 낸 힘이라고 말이야. 그런데 맥스웰은 시간에 따라 변화하는 자기장이 있다면 마찬가지로 변화하는 전기장이 생기고, 그럼 다시 변화하는 자기장이 생긴다고 생각했어. 전기장과 자기장이 반복해서 만들어질 수 있다는 것이지. 전기장과 자기장이 계속 변화하며 전달되는 이 파동˙을 '전자기파'라고 해.

전자기파는 전기장과 자기장이 서로를 계속 만들어 가는 진동 상태로 공간에 에너지를 전달해. 기다란 밧줄로 예를 들어 보자. 밧줄 한쪽 끝을 흔들어

> → **파동** 어느 한 곳에서 발생한 에너지가 다른 곳으로까지 전달되어 나아가는 현상이야.

에너지를 투입하면 밧줄을 따라 파동이 전달돼. 밧줄을 아래위로 흔들면 수직 방향의 파동이 만들어지고, 좌우로 흔들면 수평 방향의 파동이 만들어지는 거야. 전자기파에서 전기파와 자기파는 똑같은 모양을 하고 있지만, 서로 직각을 이룬단다. 전기파가 수직 방향이면 자기파는 수평 방향인 식이지.

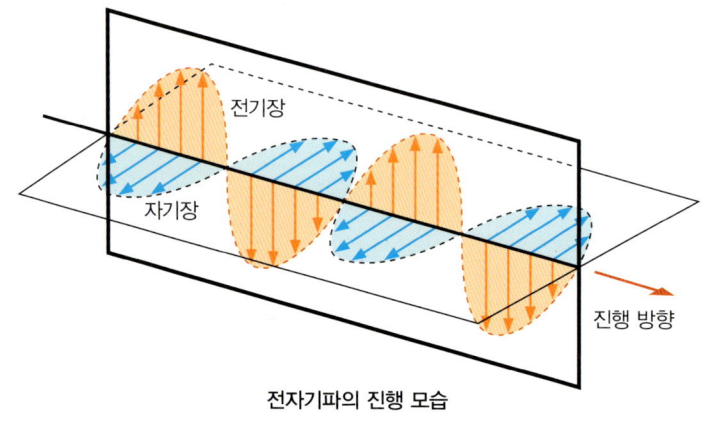

전자기파의 진행 모습

전기와 자기를 이해하는 마법의 공식, 맥스웰 방정식

맥스웰은 방정식을 이용해 전자기파의 속도도 알아냈어. 그 속도가 바로 빛의 속도야. 이를 통해 빛도 전자기파의 일종임을 알게 되었지.

전자기파는 파장의 길이에 따라 여러 종류로 나뉘는데, 맥스웰은 파장이 아주 긴 전자기파도 있다고 생각했어. 오늘날 우리는 이런 전자기파를 '전파'라고 불러. 1880년대 독일 물리학자 하인리히 헤르츠는 실험을 통해 전파가 있음을 밝혀냈어. 이 전파도 빛과 비슷해. 빛의 속도로 이동하고, 빛과 같은 성질을 가져서 반사되고 굴절되며 회절°도 가능하지.

1864년, 맥스웰은 전자기파를 수학적으로

> → 굴절과 회절 굴절은 빛이나 소리 등의 파동이 전달되는 과정에서 방향이 바뀌는 현상을 말해. 그리고 파동이 진행되는 중에 장애물을 만났을 때 장애물 뒤쪽으로 휘어 돌아가는 현상을 회절이라고 하지.

풀어낸 방정식을 발표했어. 이를 '맥스웰 방정식'이라고 불러. 맥스웰 방정식을 이용하면 전기 및 자기와 관련된 다양한 문제들을 풀 수 있었지.

뉴턴의 운동 법칙과 중력 이론, 그리고 맥스웰 방정식이면 물리학의 수많은 문제를 설명할 수 있어. 그래서 맥스웰을 뉴턴에 맞먹는 위대한 물리학자로 평가하기도 해.

마지막까지 연구를 멈추지 않았던 과학자

맥스웰은 건강이 나빠지는 바람에 35세라는 젊은 나이에 교수 일을 그만두고 말아. 고향인 갤러웨이로 내려가서도 다른 과학자들과 편지를 주고받으며 연구를 멈추지 않았지. 많은 대학교에서 맥스웰에게 교수 자리를 제안했고, 맥스웰은 그 제안들을 거절하다가 케임브리지 대학교에 새로 생긴 물리학 연구소(캐번디시 연구소)의 초대 연구소장을 맡게 돼. 연구소에서 연구를 계속하던 맥스웰은 1879년, 48세에 위암으로 세상을 떠났어.

별별 ★ 과학 스타

→ **제임스 클러크 맥스웰은 이런 점이 별나**
　– 어릴 때부터 과학에 호기심을 보였고, 수학적인 재능도 뛰어났어.

→ **제임스 클러크 맥스웰은 과학사를 이렇게 별다르게 만들었어**
　– 전기와 자기를 한 힘으로 묶는 전자기파 이론을 내놓았어.
　– 빛도 전자기파의 한 종류임을 알아냈어.
　– 전자기파를 수학적으로 정리한 맥스웰 방정식을 발표했어. 맥스웰 방정식은 이후 물리학 연구와 발전에 큰 도움이 되었어.

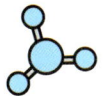

현명한 어머니 밑에서 현명한 과학자가

드미트리 멘델레예프는 1834년 러시아 시베리아에서 14형제 중 막내로 태어났어. 아버지는 학교 교장 선생님이었는데 멘델레예프가 태어날 즈음 눈병으로 시력을 잃고 실업자가 되었지. 그 후 집안 형편이 기울기 시작했어. 하지만 멘델레예프의 어머니는 아주 강한 사람이었어. 여성이 교육을 받을 수 없었던 시절, 멘델레예프의 어머니는 어릴 때부터 혼자서 공부하여 여러 분야의 지식을 습득했어. 그래서 외할아버지의 유리 공장을 물려받아 공장을 경영하며 14명이나 되는 자식들 뒷바라지를 할 수 있었지.

호기심이 많았던 멘델레예프는 유리 공장에 자주 들러 유리그릇을 관찰했어. 어머니에게 그릇에 색깔이 생기는 이유를 묻곤 했지. 그리고 어머니에게 배운 내용을 바탕으로 다른 형제들에게 설명해 주었어. 어머니는 멘델레예프의 총명함을 알아보고 그를 과

학자로 키워야겠다고 생각했어.

멘델레예프가 성장하자 어머니는 그를 상트페테르부르크로 데리고 갔어. 멘델레예프는 사범 대학교 자연 과학 전공을 거쳐 상트페테르부르크 대학교에 들어갔어.

멘델레예프가 사범 대학교에 입학했을 무렵, 어머니는 심장병으로 세상을 떠나고 말아. 어머니는 멘델레예프에게 이런 유언을 남겼다고 해. "환상에 사로잡히지 말고, 말이 아니라 실천을 해야 한다. 신성한 진리와 과학 탐구를 위해 꾸준히 노력해라."

직접 쓴 화학 교과서, 『화학 원론』

멘델레예프는 어머니의 유언을 매우 소중하게 생각했어. 유언을 지키기 위해 열심히 공부했지. 그 덕분에 국가 장학생으로 뽑혀 2년간 프랑스와 독일에서 유학할 수 있었어. 독일 하이델베르크 대학교에서 공부한 뒤 다시 러시아로 돌아와, 1865년에 상트페테르부르크 대학교 화학과 교수가 되었어.

멘델레예프는 교수로서 학생들을 가르치면서 화학 교과서에 불만이 많았어. 마음에 드는 화학 교과서가 없었거든. 그래서 직접 화학 교과서를 쓰기 시작했단다. 마침내 맨델레예프는 새로운 화학 교과서를 완성해 『화학 원론』이란 이름으로 세상에 내놓았어. 책을 읽은 사람들의 반응은 매우 좋았고, 세계적으로도 유명해져서 여러 나라의 언어로 번역되기도 했지.

원소 주기율표라는 '꿈'

멘델레예프는 화학 교과서를 쓰면서 화학 원소들 사이의 관계에 관심을 가졌어. 19세기에는 이미 많은 화학 원소들이 알려져 있었고, 새로운 화학 원소들도 잇달아 발견되고 있었거든. 과학자들은 이들 원소 사이에 어떤 관련성이 있는지 궁금해했어. 린네가 생물 분류 방법을 알아냈듯, 그들도 원소들을 분류하는 방법을 알아내고 싶었을 거야.

멘델레예프도 그런 과학자 중 하나였어. 그는 원소들 사이의 관계를 알아내기 위해 당시 알려져 있던 원소 63개의 정확한 원자량을 조사했어. 그리고 종이 카드 63장에 각 원소 이름과 원자량, 성질 등을 적었지. 그런 다음 카드에 적힌 정보에 맞춰 몇 달 동안 다양한 방식으로 카드를 배열해 보았어. 하지만 만족할 만한 배열을 찾을 수 없었어.

그러던 어느 날, 멘델레예프는 카드로 어질러진 책상에서 깜빡 잠이 들었어. 꿈속에서도 원자가 나왔지. 그리고 원소들이 공중에서 떨어지며 자신의 자리를 찾아가듯 정확한 위치에 자리를 잡았어. 멘델레예프는 꿈에서 깨자마자 꿈속에서 본 원소의 위치를 적기 시작했어. 만족스러운 배열이었지.

1869년, 멘델레예프는 꿈에서 본 원소들의 위치를 다듬고 하나의 표로 만들어 발표했어. 이게 바로 최초의 '원소 주기율표'란다.

원소 주기율표의 빈칸까지 예측한 멘델레예프

멘델레예프는 원소 주기율표를 발표하며 세계적인 과학자가 되었어. 원소 주기율표를 보면 원소의 원자량에 규칙이 있고, 일정한 주기로 원소의 특징이 반복된다는 사실을 알 수 있어.

멘델레예프의 주기율표에는 아무것도 적히지 않은 빈칸도 있었어. 멘델레예프는 빈칸에 들어갈 원소들이 언젠가는 발견될 것이라고 믿으며, 그 원소들의 성질까지 예측했어. 이후 빈칸 속 원소들이 속속 발견되었어. 발견된 원소들의 성질 역시 멘델레예프가 예측한 대로였지. 멘델레예프 원소 주기율표의 정확성이 증명된 거야.

별별 ★ 과학 스타

→ **드미트리 멘델레예프는 이런 점이 별나**
 - 어릴 때부터 질문이 많았어. 호기심이 많은 아이였거든.
 - 현명한 어머니 밑에서 일찍이 자신의 과학적 재능을 발견하고 공부를 이어 갔어.

→ **드미트리 멘델레예프는 과학사를 이렇게 별다르게 만들었어**
 - 원소 주기율표를 만들어 원소들 사이의 규칙을 밝혀냈어. 오늘날의 주기율표도 멘델레예프가 고안한 구조에 바탕을 두고 있지.

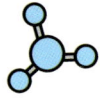

퇴학당해도 공부는 포기하지 않아

빌헬름 뢴트겐은 1845년 독일 렘샤이트에서 직물상의 외아들로 태어났어. 뢴트겐은 관찰력과 손재주가 뛰어나서 망가진 모형 집을 혼자 원래 모습으로 복구해 낸 적도 있었어. 평소 모형 집을 유심히 관찰해 둔 덕분이었어.

뢴트겐의 가족은 어머니의 조국인 네덜란드로 이사했어. 1861년, 뢴트겐은 네덜란드 위트레흐트 공업 고등학교에 입학했지만 1년 만에 퇴학당하고 말아. 친구가 선생님을 놀리는 그림을 그렸다가 들통났는데, 뢴트겐은 누가 그렸는지 말하라는 교장 선생님의 요구에도 끝까지 입을 열지 않았거든.

뢴트겐은 고등학교를 졸업하지 못했기 때문에 대학교에도 진학할 수 없었어. 하지만 포기하지 않고 혼자 공부를 이어 갔단다. 1865년, 고등학교 졸업장 없이도 학교 자체 시험에 합격하면 입학할 수 있는 스위스 취리히 공과 대학교 기계 공학과에 들어갔지.

연구 성과가 없는 50살의 평범한 과학자

뢴트겐은 대학교에서 기계 공학보다 물리학에 관심을 두었어. 그래서 물리학으로 전공을 바꾸고, 1869년에는 물리학 박사 학위도 받았지. 그 후, 독일 뷔르츠부르크 대학교에서 아우구스투스 쿤트 교수의 개인 실험 조교로 일했어. 그러면서 교수 자격 시험을 준비했는데, 고등학교 졸업장이 없다는 이유로 탈락하고 말아. 당시 독일은 고등학교 퇴학에 따른 불이익이 많았던 모양이야. 뢴트겐은 어쩔 수 없이 교수 자격을 얻기 위한 공부를 따로 해야 했어.

마침내 교수 자격증을 딴 뢴트겐은 호엔하임 대학교에서 수학과 물리학을 가르쳤어. 그리고 스트라스부르 대학교, 기센 대학교를 거쳐 1888년에 뷔르츠부르크 대학교의 물리학 연구소장이 되었어.

뢴트겐은 뷔르츠부르크 대학교에서 오랫동안 물리학을 연구했어. 하지만 50살이 다 되도록 이렇다 할 연구 성과를 내놓지는 못했지.

정체불명의 빛과 마주하다

당시 독일과 영국의 물리학자들은 음극선관에서 나오는 음극선을 이용해 다양한 실험을 하고 있었어. 진공 유리관 양쪽 끝에 금속 전극을 끼우면 유리관 안의 음극(-)에서 양극(+)으로 전기가 흐르는데 이것을 '음극선'이라고 해. 이 진공 유리관은 '음극선관'이라고 하지.

1894년, 뢴트겐도 음극선을 연구하기 시작했어. 다른 물리학자에게 음극선 실험 장치 만드는 방법을 물어 도움을 받기도 했어.

이듬해에도 뢴트겐의 음극선 연구는 계속되었어. 그는 음극선관을 두꺼운 까만색

종이로 감싸서 빛이 새지 않게 했어. 그런 다음 실험실의 전등을 끄고 음극선관에 전류를 흘려보냈지. 그러자 1미터 정도 떨어진 형광 스크린에 희미한 빛이 보이는 거야. 형광 스크린은 빛을 흡수하면 빛을 내는 성질이 있거든. 뢴트겐은 음극선관에서 눈에 보이지 않는 무언가가 두꺼운 종이를 뚫고 나와 형광 스크린에 비친 것이라고 생각했지. 그리고 이 무언가를 'X선'이라고 이름 지었어.

뢴트겐은 X선의 정체를 밝히기 위해 실험을 계속했어. 두꺼운 종이 대신 나무판자, 헝겊, 금속판 등으로 음극선관을 감싸고 다시 전류를 흘려보냈어. 그 결과 X선은 1000쪽이나 되는 두꺼운 책과 나무, 섬유, 고무 등을 통과했지만, 1.5밀리미터 두께의 납은 통과하지 못했어.

X선은 우리 모두의 것

X선은 사진 건판을 감광˚시켜 사진을 찍을 수도 있었어. 뢴트겐은 X선이 특정 물체를 통과한 후 사진 건판을 감광시키면 통과한 X선 양에 따라 흑백 명암이 다르게 나타날 수도 있겠다고 생각했어. 그래서 아내의 도움을 받아 실험 하나를 진행해. 먼저 X선이 아내의 손을 통과한 후 사진 건판에 쪼이도록 했어. 그런 다음 X선 사진을 찍었지. 사진은 놀라웠어. 아내 손의 뼈가 선명하게 찍혀 있었거든. 뼈 부근의 근육도 보였어.

1895년, 뢴트겐은 X선 발견을 발표하였어. 사람들은 매우 놀랐고, 세계 각국의 언론에서는 이 사실을 크게 보도했어. 그리고 1901년, 뢴트겐은 노벨 물리학상˚의 첫 수상자가 되었어.

→ **감광** 빛을 만나 화학적인 변화를 일으키는 것을 감광이라고 해. 사진은 필름에 감광제를 발라 빛을 쬐어 상을 만드는 원리란다.

X선은 다양한 곳에 사용돼. 의사들은 X선을 이용해 사람 몸속을 들여다보며 진료할 수 있었지. 그러자 독일의 한 사업가가 뢴트겐에 많은 돈을 줄 테니 X선 특허를 신청하고, 그 특허를 자기에게 넘기라고 제안했어. 뢴트겐은 X선은 모든 인류를 위해 사용되어야 한다며 그 제안을 거절했어. 특허 신청도 하지 않았다고 해. 덕분에 누구나 자유롭게 X선을 사용할 수 있었단다.

> **노벨상** 스웨덴의 화학자 알프레드 노벨의 유언에 따라 인류 복지에 공헌한 사람이나 단체에 주는 상이야. 문학, 화학, 물리학, 생리학·의학, 평화, 경제학의 6개 부문이 있어.

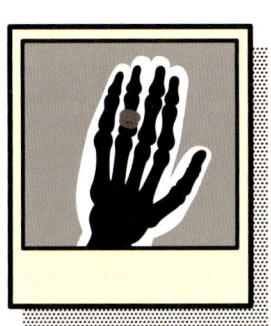

하지만 모아 둔 재산이 없던 뢴트겐은 은퇴 후 매우 가난한 생활을 했다고 해. 그리고 1923년, 뮌헨에서 78세의 나이로 세상을 떠나고 말았지.

별별 ★ 과학 스타

→ **빌헬름 뢴트겐은 이런 점이 별나**
- 뛰어난 관찰력과 손재주를 가졌어.
- 고등학교에서 퇴학당한 탓에 교수가 되기까지 어려움이 있었지만 포기하지 않았어.
- 많은 사람이 이용할 수 있도록 X선의 특허를 신청하지 않았어. 공공의 이익을 위해 자기 이익을 포기한 셈이지.

→ **빌헬름 뢴트겐은 과학사를 이렇게 별다르게 만들었어**
- X선 발견으로 상처를 내지 않고도 사람 몸속을 들여다볼 수 있게 되었어. 방사선 연구도 크게 발전했지.
- 음극선 연구가 더욱 활발해졌어. 영국 물리학자 조지프 존 톰슨은 음극선을 이용해 전자를 발견하기도 했지.

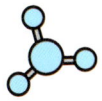

어느 폴란드 소녀의 꿈

마리 퀴리는 1867년 폴란드 바르샤바에서 다섯 남매 중 막내딸로 태어났어. 이 시기 폴란드인들은 힘든 시간을 보내고 있었어. 폴란드가 러시아의 지배를 받고 있었거든. 학교에서도 수업 시간에 폴란드어를 못 쓰게 할 정도였지. 하지만 교사였던 마리의 부모님은 자식들에게 직접 폴란드어와 폴란드 역사를 가르쳐 주었어. 마리는 4살 때 스스로 글을 터득할 만큼 매우 똑똑했다고 해. 학교에서도 우수한 성적을 받았어. 10살 때 어머니가 결핵으로 세상을 떠나면서 한동안 우울증에 시달리기도 했지만 그 뒤 공부에 더욱 집중하며 독립심 강한 사람으로 성장했지.

성별과 가난은 문제가 되지 않아!

마리는 학교를 1등으로 졸업했어. 하지만 대학교에 갈 순 없었어. 당시 폴란드에서는 여성이 대학교에 입학하는 일이 흔하지 않았거든. 그래도 꿈

을 포기하지 않고 계속 공부할 수 있는 프랑스 파리로 향했어. 집안 형편이 좋지 않아서 바로 학교에 입학하지는 못했어. 대신 마리는 가정 교사 일을 하며 번 돈으로 언니가 파리에서 의대를 다닐 수 있도록 도왔어. 언니는 의사가 되면 마리가 학교에 다닐 수 있도록 지원하기로 했지.

이렇게 해서 마리는 24살이 되어서야 프랑스 소르본 대학교에 입학할 수 있었어. 그곳에서 물리학과 수학을 공부했어. 돈이 부족해서 제대로 먹지 못하는 날이 많았고 심지어는 영양실조로 쓰러진 적도 있었지만 마리는 힘들게 얻은 기회인 만큼 공부를 게을리하지 않았어.

마리는 물리학 석사 학위를 받으며 1등으로 학교를 졸업했어. 그리고 소르본 대학교에서 만난 피에르 퀴리와 사랑에 빠지고, 결혼도 하였지.

아무도 하지 않았던 일에 도전하다

퀴리 부부가 결혼하던 해인 1895년에는 물리학계에 놀라운 사건이 있었어. 빌헬름 뢴트겐이 눈에 보이지 않는 빛, X선을 발견한 것이지. 그리고 1896년, 남편 피에르 퀴리의 스승 앙리 베크렐이 우라늄이 포함된 광석에서 X선처럼 눈에 보이지 않는 빛이 나오는 것을 보았어. 이 빛을 '베크렐선'이라고 불러.

마리는 이 베크렐선을 자신의 박사 학위 논문 주제로 삼았어. 연구를 어떻게 시작해야하는지조차 아무도 알지 못하는 완전히 새로운 분야에 뛰어든 거야. 게다가 이 시기 유럽 어느 대학교에도 물리학 박사 학위를 받은 여성은 없었어. 과학자들은 연구실에 여성이 있으면 연구가 되지 않는다는 편견까지 갖고 있었단다. 소르본 대학교도 마리의 연구를 제대로 지원하지 않았어. 마리는 간신히 학교의 허락을 받아 물이 새는 창고를 연구실로 썼어.

마리가 노벨상에 남긴 최초의 기록들

1898년, 마리는 놀라운 것을 발견했어. 베크렐선이 우라늄 원자 자체에서 나온다는 사실을 알아낸 것이지. 우라늄만이 아니었어. 토륨도 스스로 빛을 냈어. 마리는 원소가 스스로 빛을 내는 이러한 현상에 '방사능'이란 이름을 붙였어.

피에르 퀴리는 아내의 발견에 흥미를 느끼고 연구에 참여했어. 퀴리 부부는 우라늄보다 훨씬 더 강한 빛을 내는 새로운 방사능 원소를 찾아냈는데, 마리는 그 원소를 조국 폴란드의 이름을 따 '폴로늄'이라고 불렀어. 몇 개월 뒤에는 우라늄과 폴로늄보다도 더 강한 빛을 내는 새로운 원소 '라듐'까지 발견했단다. 퀴리 부부는 이 발견으로 1903년에 베크렐과 함께 공동 노벨 물리

학상을 받았어.

1906년, 마리의 남편 피에르 퀴리가 마차에 깔려 목숨을 잃었어. 한동안 슬픔 속에 주저앉아 있던 마리는 얼마 후 다시 일어섰어. 남편이 맡았던 소르본 대학교 교수 자리를 이어받아 소르본 대학교 최초의 여자 교수가 되었고, 연구에 더욱 매진했어.

1910년, 마리는 라듐 결정에 섞인 다른 원소의 불순물을 모두 떼어 내고 완전히 순수한 라듐을 얻는 데 성공했어. 이 연구로 1911년에 노벨 화학상을 받았지.

마리는 노벨상을 받은 최초의 여성이자 노벨상을 두 번 수상한 최초의 과학자였단다.

목숨을 앗아 간 라듐 연구

1914년, 마리는 파리 대학교에 라듐 연구소를 설립하였어. 하지만 같은 해 제1차 세계 대전이 일어나는 바람에 연구원들은 연구소가 아닌 전쟁터로 향해야 했지. 마리도 딸과 함께 X선 촬영 장치를 자동차에 싣고 전쟁터를 누볐어. X선 촬영 장치로 부상병 몸에 박힌 총알과 부러진 뼈를 찾아 주었지. 덕분에 많은 병사가 목숨을 건질 수 있었다고 해.

전쟁이 끝나고 라듐 연구소

는 다시 문을 열었어. 그런데 1920년대 들어 연구원들이 하나둘 악성 빈혈이나 백혈병으로 목숨을 잃기 시작했어. 방사능에 계속 노출되었기 때문이었지. 당시에는 방사능의 위험성이 잘 알려져 있지 않아서 마리와 연구원들은 위험한 연구를 멈추지 않았어. 결국 마리도 백혈병에 걸려 1934년, 세상을 떠나고 말아.

별별 ★ 과학 스타

→ **마리 퀴리는 이런 점이 별나**
- 독립심 강한 성격으로, 여성에 대한 차별이 만연한 환경에서 포기하지 않고 묵묵히 연구를 이어 갔어.
- 영양실조에 걸리면서까지 공부할 정도로 끈기와 열정이 대단했어.

→ **마리 퀴리는 과학사를 이렇게 별다르게 만들었어**
- 여성 최초의 노벨상 수상자이자 노벨상을 두 번 받은 최초의 과학자였어.
- 방사선 원소 폴로늄과 라듐을 발견하여 이후 새로운 원소 발견에 큰 도움이 되었어.
- 방사능이라는 개념을 세워 훗날 원자의 구조와 원자핵의 정체를 밝히는 데도 크게 기여했어.

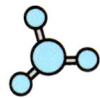

빈 대학교에서 물리학을 전공한 첫 번째 여성

리제 마이트너는 1878년 오스트리아의 수도 빈의 유대인 가정에서 태어났어. 마이트너의 아버지는 유대인 최초 오스트리아 법조인이었어. 덕분에 마이트너도 충분한 교육을 받으며 남부럽지 않은 환경에서 자랄 수 있었지.

마이트너는 어릴 때부터 수학과 과학을 좋아했어. 하지만 당시 오스트리아에서는 여성이 상급 학교에 진학하기가 무척 어려웠기 때문에 공부를 계속할 수 없었어. 그래도 마이트너는 포기하지 않고 혼자 공부하여 우리나라의 검정고시와 같은 제도인 고등학교 졸업 자격시험에 합격했어. 23살이 되던 해에 마침내 빈 대학교에 입학할 수 있었지. 우수한 성적으로 박사 학위까지 받았단다. 마이트너는 빈 대학교에서 물리학을 전공한 첫 번째 여성이자 박사 학위를 받은 네 번째 여성이었어.

차별 속에서도 연구는 계속된다

마이트너는 졸업 후 베를린의 프리드리히 빌헬름 대학교(현 베를린 훔볼트 대학교)에서 연구원 생활을 시작했어. 이때도 여성이라는 이유로 많은 차별을 받았어. 연구소에 여성 출입이 허용되지 않아 출입구가 따로 있는 지하실에서 연구했고, 여성 화장실이 없어 지하실 밖으로 나와 길을 건너는 불편도

감수해야 했지. 마이트너가 연구 성과를 내자, 그제야 연구소장은 여성 화장실을 만들고 마이트너의 연구소 출입을 허가했어. 마이트너는 이곳에서 평생 연구 동료가 될 오토 한을 만나.

1912년, 마이트너는 오토 한과 함께 빌헬름 화학 연구소로 자리를 옮겨 연구를 계속했어. 1926년에는 베를린 대학교의 물리학 교수가 되었어. 독일 최초의 여성 물리학 교수였지. 그러나 히틀러의 나치가 독일 정치 권력을 잡고 유대인을 박해하면서 유대인인 마이트너도 교수직에서 쫓겨나고 말아.

핵분열을 처음 밝혀낸 과학자

이런 불안한 상황에서도 마이트너는 연구를 멈추지 않았어. 오토 한과 함께 연구팀을 꾸려 중성자를 우라늄에 부딪치게 해 인공적으로 새로운 원소를 만드는 방법을 연구했지.

1938년, 독일의 유대인 박해를 견딜 수 없었던 마이트너는 모든 것을 버리고 베를린을 탈출해 스웨덴으로 망명했어. 스웨덴에서도 베를린에 남은 오토 한과 편지를 주고받으며 연구를 계속했어.

베를린을 떠난 지 5개월 만인 1938년 12월, 마이트너는 오토 한에게서 놀라운 소식을 전달받아. 오토 한이 우라늄에 중성자를 충돌시켰더니 바륨이 생겼고, 우라늄은 완전히 두 쪽으로 쪼개졌다는 거야. 이 현상을 이해하지 못한 오토 한은 마이트너에게 설명을 부탁했어. 마이트너는 연구를 거듭하며 그것이 '핵분열'이라는 것을 알아냈지. 그리고 핵분열이 일어날 때 발생하는 엄청난 에너지를 아인슈타인의 $E=mc^2$ 공식을 이용해 설명했어.

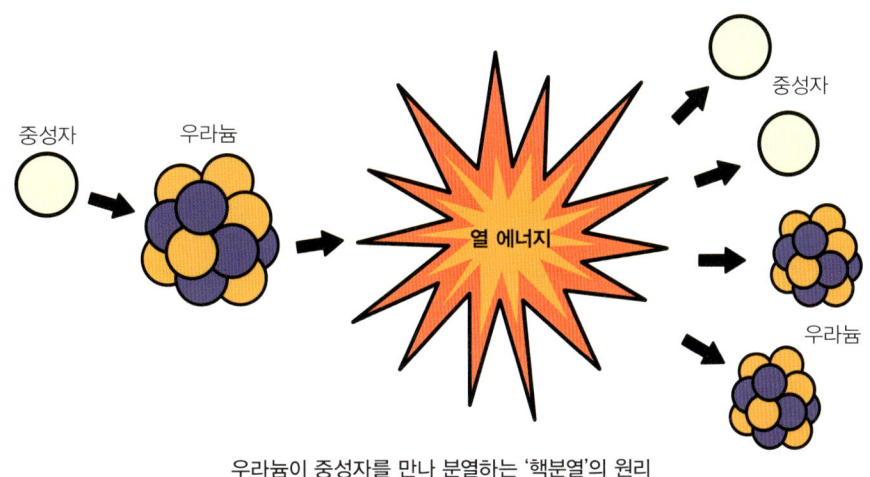

우라늄이 중성자를 만나 분열하는 '핵분열'의 원리

마이트너가 생각하는 올바른 과학의 길

제2차 세계 대전에서 미국과 독일은 서로 맞서 싸우며 핵분열을 이용한 원자 폭탄 개발에 경쟁적으로 열을 올렸어. 미국 과학계는 마이트너에게 최고의 대우를 해 줄 테니 원자 폭탄을 개발하는 맨해튼 계획에 참여해 달라고 부탁했어. 마이트너는 이 제안을 단호하게 거절했지. 그녀는 과학이 살인 무기를 만드는 도구로 쓰여서는 절대 안 된다고 생각했거든. 자신의 이익보다는 올바른 과학의 길을 추구한 거야.

유대인, 여성, 마이트너를 부르는 차별의 이름들

마이트너는 유대인 출신의 여성 과학자라는 이유로 계속 차별받았어. 1944년, 오토 한이 핵분열을 증명한 공로로 노벨상을 받을 때 마이트너는 공동 수상자의 자격도 얻지 못했어. 그렇다고 해서 오토 한을 원망하거나 억울해하지 않았어.

마이트너는 평생 결혼하지 않고 독신으로 살았다고 해. 말년에는 영국 케임브리지 대학교에서 연구하며 조카 가족들과 지냈지. 그리고 1968년, 89세의 나이로 세상을 떠났어. 마이트너의 묘비에는 '인간성을 잃지 않은 물리학자'라는 문구가 새겨져 있어. 1992년, 과학계는 마이트너의 업적을 기리며 새롭게 발견된 109번째 원소를 '마이트너륨'이라고 이름 지었어.

별별 ★ 과학 스타

→ **리제 마이트너는 이런 점이 별나**
  - 여성이며 유대인이라는 이유로 차별당했지만, 연구 성과와 실력으로 이를 극복했어.
  - 자기 이익보다는 올바른 과학자의 길을 추구했어.

→ **리제 마이트너는 과학사를 이렇게 별다르게 만들었어**
  - 핵분열 현상을 처음으로 밝혀내 인류가 원자력 시대를 여는 데 큰 역할을 하였어.

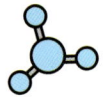

말은 느려도 수학과 물리학은 수준급

알베르트 아인슈타인은 1879년 독일 서남쪽의 작은 도시 울름에서 유대인의 아들로 태어났어. 아인슈타인이 태어난 이듬해 그의 가족은 뮌헨으로 이사했어.

아인슈타인이 어릴 때부터 특별한 재능을 보였던 건 아니야. 오히려 남보다 말을 늦게 배웠고, 내성적인 성격으로 매사 소극적이었어. 하지만 블록 놀이, 카드 쌓기에 빠지면 옆에서 불러도 모를 정도로 집중했지. 또 어머니에게서 바이올린을 배웠는데, 한 번 곡을 들으면 바로 연주할 수 있을 정도로 음감이 뛰어났다고 해.

아인슈타인은 크면서 수학에 흥미를 느끼기 시작했어. 우리나라의 고등학교에 해당하는 김나지움에 입학해서도 수학과 물리 과목에서 항상 1등을 차지했지. 하지만 아인슈타인은 김나지움의 딱딱하고 엄격한 분위기에 적응할 수 없었어.

1894년, 아인슈타인의 아버지는 사업에 실패하자 가족을 데리고 이탈리아 밀라노로 이사했어. 아인슈타인은 학업을 잇기 위해 혼자 뮌헨에 남았지만 도무지 학교의 엄격한 분위기와 외로움을 견딜 수 없었어. 결국 아인슈타인은 학교를 그만두고 독일 국적을 포기한 채 가족 곁으로 갔어.

물리학을 공부하는 특허청 직원

아인슈타인은 김나지움을 자퇴했으므로 대학에 진학하려면 학력 검정고시를 통과해야 했어. 수학과 물리학 성적은 뛰어난 반면 어학 성적이 낮아 검정고시에서 낙방하고 말았지. 그런데 스위스의 한 고등학교에서 그의 수학과 물리학 재능을 높이 평가하여 편입을 허락해 주었어. 덕분에 아인슈타인은 무사히 고등학교를 졸업하고 취리히 연방 공과 대학교에 입학하여 물리학을 공부할 수 있었어.

아인슈타인은 대학교를 졸업한 뒤, 1902년부터 스위스 베른의 특허청에서 일했어. 그러면서도 물리학에 미련을 버리지 못하고 혼자 물리학 연구를 계속했지. 퇴근하고 쉬어야 할 시간에 연구를 한 거야. 가끔은 직장에서도 했단다. 하루가 꼬박 걸리는 일을 몇 시간 만에 해치우고 나머지 시간에 물리학 연구를 하는 식이었지.

빛의 속도는 언제나 같다, 특수 상대성 이론

1905년, 아인슈타인은 자신의 연구 내용을 발표했어. 그게 바로 '특수 상대성 이론'이야. 이 이론은 빛 속도가 항상 같다는 사실에서 출발해. 빛 속도가 항상 같다면 문제가 생기거든. 만약 매우 빠른 속도로 달리는 열차의 맨

끝 칸에서 앞으로 빛을 쏘았다고 해 보자. 빛의 속도가 항상 같다면, 이때 빛은 원래 자기 속도에 열차가 달리는 속도를 더해 더 빠른 속도로 나아가게 되잖아. 그럼 빛의 속도가 언제나 같다는 말은 틀린 게 아닐까?

아인슈타인은 이 문제를 해결하기 위해 빛의 속도가 아닌 시간과 공간에 변화를 주었어. 빛 속도가 항상 똑같으려면 시간과 공간이 상대적으로 변해야 한다는 거지. 속도는 거리(공간)를 시간으로 나눈 값이기 때문이야. 특수 상대성 이론에 의하면, 시간과 공간은 속도에 따라 달라져. 빛처럼 빠른 속도로 운동하는 물체 안에서는 시간이 느려지고, 길이가 짧아지고, 질량이 증가하는 현상이 나타나.

아인슈타인은 특수 상대성 이론을 통해 질량과 에너지, 빛의 속도 사이의 관계도 밝혀냈어. 에너지(E)는 질량(m)에 빛 속도(c)의 제곱($E=mc^2$*)을 곱한 것과 같다는 거야.

특수 상대성 이론으로 아인슈타인은 물리학계에 이름을 알리기 시작했어. 1909년에는 특허청을 그만

→ $E=mc^2$ 이 공식에 의하면 질량은 에너지로 바뀔 수 있어. 질량이 에너지로 바뀔 때, 질량에 빛의 제곱이 곱해지므로 엄청난 양의 에너지가 나오게 되지.

두고 취리히 대학교 교수가 되었지. 이후 프라하 대학교, 베를린 대학교를 거쳐 자신의 모교인 스위스 연방 공과 대학교 교수로 가게 돼.

중력이 공간을 휘어지게 한다고? 일반 상대성 이론

그런데 특수 상대성 이론으로는 중력을 설명할 수 없었어. 그래서 1916년, 아인슈타인은 특수 상대성 이론을 발전시킨 '일반 상대성 이론'을 발표했어. 질량을 가진 모든 물체는 주변 공간을 휘게 하고, 공간 휘어짐이 중력을 일으킨다는 이론이야. 질량이 클수록 공간의 휘어짐도 커지고 중력도 커지지. 중력을 지구가 물체를 끌어당기는 힘으로 보았던 뉴턴과는 다른 관점이었어. 빛도 이 휘어진 공간을 따라 나아가므로 당연히 휘어져. 따라서 엄청난 질량을 가진 태양 근처를 지나는 별빛도 직진하지 않고 휘어야 맞아.

과학자들은 1919년에 있었던 개기일식*으로 아인슈타인의 일반 상대성 이론이 옳음을 확인했어. 덕분에 아인슈타인은 1921년에 노벨 물리학상을 받을 수 있었어.

→ **개기일식** 태양-달-지구가 일직선으로 위치할 때, 달이 태양을 완전히 가리는 현상을 개기일식이라고 해. 이때는 태양 주위에 있는 별들을 관측할 수 있어. 영국의 과학자 에딩턴은 자신이 찍은 개기일식 사진에서 태양 중력에 의해 별의 위치가 어긋난 것을 발견했어. 일반 상대성 이론이 옳다는 게 증명된 거야.

평화를 위하여

1933년에 히틀러는 독일 정권을 잡고 유대인을 박해하기 시작했어. 특히 아인슈타인이 유대인이라는 이유로 그의 논문을 불태우고, 재산을 몰수하기까지 하였지. 결국 미국으로 망명한 아인슈타인은 프린스턴 대학교에서 연구를 계속했어.

제2차 세계 대전이 일어나자 미국은 아인슈타인이 발견한 $E=mc^2$ 공식을 이용해 원자 폭탄을 개발했어. 원자 폭탄으로 많은 사람이 목숨을 잃었다는 소식을 들은 아인슈타인은 무척 괴로워했지. 그 후, 아인슈타인은 핵무기를 없애고 전쟁을 막는 운동에 적극적으로 참여했어.

아인슈타인은 1955년에 76세의 나이로 세상을 떠났는데, 죽기 전날까지 자연과 우주의 비밀을 풀기 위한 연구를 멈추지 않았다고 해.

별별 ★ 과학 스타

→ **알베르트 아인슈타인은 이런 점이 별나**
 - 내성적인 성격인 데다가 말을 늦게 배웠지만, 집중력이 뛰어났어. 특히 수학과 물리학에서 두각을 나타냈지.
 - 특허청에서 일하면서도 물리학 연구를 계속할 정도로 물리학에 대한 열의가 있었어.

→ **알베르트 아인슈타인은 과학사를 이렇게 별다르게 만들었어**
 - 특수 상대성 이론과 일반 상대성 이론을 발표해 그간 물리학계를 지배했던 뉴턴의 법칙을 깼어.
 - 특수 상대성 이론에서 나온 공식($E=mc^2$)을 통해 원자력의 원리를 설명할 수 있게 되었어. 원자력은 인류 역사에 많은 영향을 미쳤지.

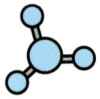

축구를 좋아하는 과학 소년

닐스 보어는 1885년 덴마크 코펜하겐에서 3남매 중 맏아들로 태어났어. 그의 아버지는 대학교 생리학 교수로 믿음이 좋은 기독교 신도였고, 그의 어머니는 은행업을 하는 부유한 유대인 집안 출신이었지. 보어는 부모님의 돌봄 아래 충분한 교육을 받으며 자랐어. 특히 아버지의 영향으로 훌륭한 과학 교육을 받을 수 있었어.

보어는 동생과 함께 코펜하겐 대학교에 입학하였어. 그는 물리학을 전공하고, 동생은 수학을 전공하였어. 보어와 동생은 어릴 때부터 축구를 무척 좋아했다고 해. 특히 동생은 수학자이기도 하지만 올림픽에 국가 대표 선수로

출전할 정도로 유명한 축구 선수이기도 했단다. 보어는 키가 커서 축구 클럽의 골키퍼로 활동했는데, 축구 클럽 대항전에 자주 참가하였어.

보어의 스승들, 톰슨과 러더퍼드

보어는 1911년, 코펜하겐 대학교에서 물리학 박사 학위를 받은 뒤 영국 케임브리지 대학교의 캐번디시 연구소에 들어가 조지프 존 톰슨 밑에서 연구하였어. 톰슨은 원자에서 전자를 발견하여 원자가 더는 쪼개지지 않는다는 오래된 믿음을 깨뜨렸고, 원자 속 양성자 사이에 전자가 여기저기 박혀 있다는 원자 모형을 발표한 유명 과학자였지.

보어는 내성적인 성격으로 영어도 서툴러서 연구소에 적응하는 데 애를 먹었어. 게다가 톰슨은 보어가 하려는 연구에 크게 관심을 보이지 않았어. 이즈음 물리학자 어니스트 러더퍼드가 케임브리지에 와서 강연한 적이 있었어. 보어는 러더퍼드의 강연을 듣고 큰 감명을 받았지.

러더퍼드는 톰슨의 원자 모형보다 더 발전한 형태의 새로운 원자 모형을 발표한 과학자이자 원자핵을 처음 발견한 과학자였어. 러더퍼드의 원자 모형은 다음과 같아. 원자 대부분은 비어 있는 공간이고, 이 공간에서 전자들이 돌고 있어. 원자 가운데 원자 지름 약 10만 분의 1에 해당하는 공간에 질량 대부분이 모여 있지. 러더퍼드는 이곳을 '원자핵'이라고 했어.

양자 가설을 적용한 새로운 원자 모형의 발견

보어는 캐번디시 연구소를 그만두고 러더퍼드가 있는 맨체스터 대학교로 갔어. 이곳에서 러더퍼드와 함께 러더퍼드의 원자 모형을 연구했지. 그런데 러더퍼드의 원자 모형만으로 설명할 수 없는 실험 결과들이 많았어. 보어는 이 문제를 해결할 새로운 원자 모형을 고민하기 시작했어.

1912년, 보어는 다시 코펜하겐으로 돌아왔어. 그리고 막스 플랑크의 양자 가설을 적용한 새로운 원자 모형을 생각해 냈어. 막스 플랑크의 양자 가설은 빛 에너지가 연속해서 흐르지 않고 입자처럼 작은 덩어리를 이루며 띄엄띄엄 흐른다는 주장이야. 이 에너지 덩어리를 '에너지 양자'라고 해.

보어는 전자들이 원자핵 주변을 다양한 궤도로 띄엄띄엄 돌고 있다고 생각했어. 그리고 이들 궤도는 각각 다른 에너지를 가지지. 원자핵에서 먼 전자 궤도일수록 큰 에너지를 가져. 전자는 에너지가 높은 궤도에서 에너지가 낮은 궤도로 옮겨 갈 때 남는 에너지를 빛으로 방출하거든.

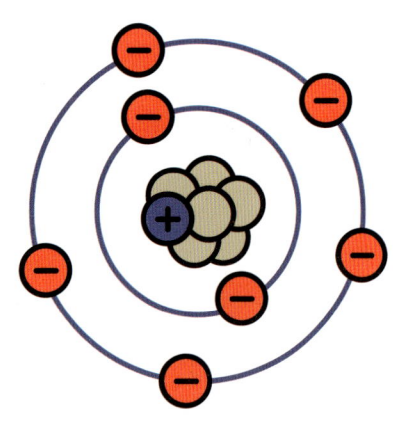

보어의 원자 모형

아주 젊은 노벨상 수상자

1913년, 마침내 보어는 새로운 원자 모형을 발표했어. 이 원자 모형은 당시 물리학자들이 받아들이기 어려운, 매우 파격적인 이론이었어. 하지만 여기에 들어맞는 실험 결과가 하나둘 보고되기 시작했지. 그제야 물리학자들은 보어의 원자 모형을 인정했어.

보어는 그 업적을 인정받아 1922년, 37살의 젊은 나이로 노벨 물리학상을 받았어. 그때까지 노벨 물리학상 수상자 중 가장 젊은 나이였다고 해. 보어는 이 원자 모형으로 양자론과 핵물리학 발전을 이끌며, 20세기 물리학에서 아인슈타인 다음으로 큰 업적을 남긴 과학자라는 평가를 받고 있지.

양자론 연구의 중심지, 닐스 보어 연구소

보어는 덴마크 정부와 칼스버그 재단의 도움을 받아 코펜하겐에 닐스 보어 연구소를 세웠어. 1926년에는 모교인 코펜하겐 대학교의 교수가 되었지.

닐스 보어 연구소는 세계적인 물리학자들이 모여들며 양자론 연구의 중심지가 되었어. 제2차 세계 대전 중 미국 맨해튼 계획의 고문 역할을 했고, 전쟁이 끝난 후에는 원자력 에너지의 평화적 사용을 위해 노력하였지. 그리고 1962년 11월, 보어는 고향인 코펜하겐에서 세상을 떠났어.

별별 ★ 과학 스타

→ **닐스 보어는 이런 점이 별나**
- 기존의 이론에 문제의식을 가지고 자기 생각을 밀고 나가는 추진력이 있었어.
- 다른 이론을 적절하게 응용하는 능력이 있었어.

→ **닐스 보어는 과학사를 이렇게 별다르게 만들었어**
- 새로운 원자 모형을 발견해 20세기 양자론과 핵물리학을 크게 발전시켰어.
- 고전 역학이 현대 양자역학으로 넘어가는 과정에서 중간 다리 역할을 했어.

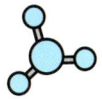

천문학부터 권투까지, 재주 많은 법학 전공생

에드윈 허블은 1889년 미국 미주리주에서 태어났어. 이후 일리노이주로 이사해 그곳에서 자랐지. 허블은 어릴 때부터 할아버지에게 천문학을 배우며 별과 행성의 아름다움에 푹 빠졌어. 고등학교 때 화성에 관해 쓴 글이 지방 신문에 실린 적도 있어.

허블은 운동 신경도 뛰어났어. 중학교 때부터 권투를 배웠고, 달리기도 무척 잘했대. 고등학교 때 전미 고등학교 육상 경기에 나가 여섯 번이나 우승한 경험도 있단다. 높이뛰기도 잘해서 주 체전에서 최고 기록을 세우기도 했어. 허블의 가족과 친구들은 허블이 운동선수로 성공하리라 생각했지.

하지만 허블의 꿈은 천문학자였어. 대학교에서도 수학과 천문학을 공부할 계획이었지. 그의 아버지는 생각이 달랐어. 허블이 법률가가 되기를 원했거든. 결국 허블은 아버지의 바람대로 시카고 대학교에 들어가 법학을 전공했어. 틈틈이 수학과 천문학 강의를 듣고 운동도 계속했어. 대학생 신분으로 권투 경기에 출전해

프로 선수 못지않은 실력을 보여 주기도 했지.

버리지 못한 천문학자의 꿈

　허블은 시카고 대학교를 졸업한 뒤, 미국에서 가장 영예로운 장학금인 로즈 장학금을 받고 영국 옥스퍼드 대학교에 진학했어. 그곳에서도 아버지의 강요로 법학을 공부해야 했지. 다시 미국으로 돌아온 허블은 켄터키주 루이빌에서 변호사로 일했어. 하지만 변호사라는 직업은 허블에게 맞지 않은 옷을 입은 것과 같았어. 허블은 변호사를 그만두고 고등학교 농구부 코치가 되었어.

　허블의 마음 한구석에는 여전히 천문학자의 꿈이 있었어. 결국 허블은 시카고 대학교에 다시 들어가 천문학을 공부하기로 해. 1917년에는 천문학 박사 학위까지 받았단다. 제1차 세계 대전이 끝나고, 허블은 윌슨산 천문대에서 일을 시작했어.

우주 크기에 대한 사람들의 생각을 바꾸다

1923년, 허블은 윌슨산 천문대에서 당시 세계에서 가장 크다고 알려져 있던 구경 2.5미터짜리 천체 망원경으로 안드로메다대성운을 관측하고 사진을 찍었어. 이 시기 천문학자들은 우리 은하가 우주 대부분을 차지한다고 믿었고, 안드로메다은하도 우리 은하 안에 있는 대성운으로 여겼어. 반대로 우리 은하계 밖에 외부 은하가 있을 수 있다고 주장하는 천문학자들도 있었지. 그들은 또 다른 은하의 존재를 두고 논쟁을 벌이곤 했어.

허블은 자신이 찍은 안드로메다대성운의 사진에서 세페이드 변광성*을 발견하였어. 이 변광성을 이용하여 지구에서 안드로메다대성운까지의 거리를 측정했더니, 그 거리가 우리 은하의 지름보다 9배나 더 긴 거야. 안드로메다대성운이 우리 은하 밖에 있는 또 다른 은하임을 밝혀낸 것이지. 이로써 우주의 크기에 대한 사람들의 인식도 바뀌었어. 우주는 우리가 알고 있는 것보다 훨씬 더 크고, 우주에는 우리 은하와 같은 은하가 수없이 많다고 말이야.

→ **세페이드 변광성** 밝기가 변하는 별을 '변광성'이라고 해. 세페이드 변광성은 주기적으로 밝기가 변하는 별로, 이 별의 밝기와 주기를 이용해 은하까지의 거리를 알 수 있어.

점점 커지는 우주, 허블의 법칙

1929년, 허블은 또 하나의 위대한 발견을 해. 그는 천체 망원경으로 외부 은하들에서 오는 빛의 스펙트럼을 조사하였어. 빛은 색에 따라 파장과 굴절률이 달라. 따라서 여러 가지 색이 섞인 빛이 프리즘을 통과하면 파장에 따라 색들이 분리되어 나타나는데, 이것을 빛의 스펙트럼이라고 하지. 그런데 은하들에서 오는 모든 빛에서 적색 스펙트럼이 관찰됐어. 도플러 효과*에 의

→ **도플러 효과** 소리나 빛을 내는 물체와 관측자 사이의 거리가 가까워질 때는 주파수가 더 높게, 거리가 멀어질 때는 주파수가 더 낮게 측정되는 현상을 말해.

하면 빛의 스펙트럼이 적색으로 이동할수록 빛을 내는 대상의 거리가 멀어진다는 것을 의미해.

허블은 스펙트럼의 적색 이동 정도로 은하가 멀어지는 속도를 계산했어. 지구에서 외부 은하까지의 거리도 계산해 그래프로 나타냈지. 그리고 이러한 관측 자료를 토대로 은하가 멀어지는 속도는 지구에서 그 은하까지의 거리와 비례한다는 허블의 법칙을 발표했어. 다시 말해 은하가 멀어질수록, 멀어지는 속도도 더 빨라진다는 거야. 그리고 이것은 우주가 계속 부풀고 있다는 뜻이기도 했어.

당시 천문학자들은 우주는 정지해 있고 크기도 정해져 있다고 생각했어. 우주가 빅뱅을 일으켜 팽창한다는 주장도 있긴 했지만 소수에 불과했지. 허블의 발견은 우주가 팽창한다는 주장에 손을 들어 준 거나 다름없었어.

허블은 천문학 분야에서 많은 업적을 쌓고, 천문학자 최초로 타임지의 표

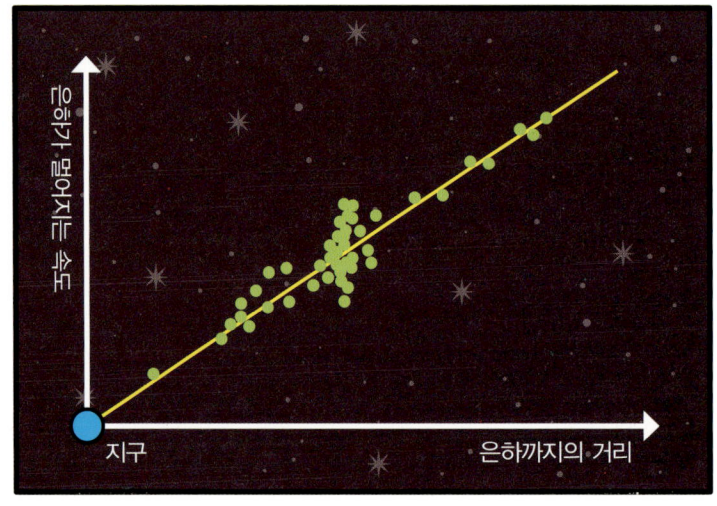

그래프로 나타낸 허블의 법칙

지를 장식했어 미국 항공 우주국(NASA)은 허블의 업적을 기려 1990년에 발사한 우주 망원경을 허블 우주 망원경이라고 이름 지었단다.

별별 ★ 과학 스타

→ **에드윈 허블은 이런 점이 별나**
- 운동을 잘했어. 특히 권투 선수로 활약했을 만큼 권투 실력이 좋았지. 운동으로 다져진 체력과 인내는 천문학 연구에 많은 도움이 되었어.
- 대학교에서 법학을 전공하고, 변호사로 활동하는 동안에도 자신의 꿈인 천문학을 포기하지 않았어.

→ **에드윈 허블은 과학사를 이렇게 별다르게 만들었어**
- 외부 은하를 발견하여 우주 크기에 대한 인류의 생각을 바꾸어 놓았어.
- 우주가 팽창하고 있음을 증명하며 빅뱅 이론에 힘을 실어 주었어.

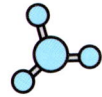

여자도 대학에 가서 과학을 공부할 수 있어!

로절린드 프랭클린은 1920년 영국 런던의 부유한 유대인 가정에서 태어났어. 그녀의 집안은 영국에서 꽤 영향력이 있었어. 삼촌이 영국 내무 장관을 지냈을 정도였지.

프랭클린은 학교를 다니는 동안 물리학과 화학에 탁월한 재능을 보였고 15살 때부터는 과학자가 되겠다는 꿈을 품었다고 해. 하지만 프랭클린의 아버지는 여자가 대학에 가는 것을 탐탁지 않아 했어. 다행히 어머니와 고모 등 집안 여자들이 지지해 준 덕분에 프랭클린은 1938년, 케임브리지 대학교에 입학해 과학을 공부할 수 있었어. 우수한 성적으로 대학교를 졸업하고, 1945년에 박사 학위를 받으면서 본격적으로 과학자의 길을 걸었지.

DNA 사진을 찍다

프랭클린은 프랑스 국립 과학 연구 센터에서 일했어. 이곳에서 X선 회절 사진을 이용해 물질의 분자 구조를 알아내는 방법을 배웠어. 당시 X선 회절 사진 분야에서 프랭클린은 최고 전문가라 할 만했지.

물질의 원자는 규칙적으로 배열돼 있어. X선이 원자와 부딪치면 이 원자 속 전자들은 X선과 같은 진동수로 진동하며 사방으로 퍼지는 X선을 만들어

내는데 이것을 'X선 회절'이라고 해. 프랭클린은 X선이 어떤 모양으로 회절되었는지 알 수 있도록 사진 찍는 일을 한 거야. X선 회절 사진을 보면 물질의 분자 구조에 관한 정보를 얻을 수 있지.

1951년, 프랭클린은 런던 킹스 칼리지로 옮겨 물리학자 모리스 윌킨스와 함께 DNA* 구조 연구를 시작했어. 이 시기에는 이미 생물의 유전 물질이 DNA라는 사실이 밝혀지고 DNA가 생물학에서 얼마나 중요한지 잘 알려져 있던 때라서 많은 과학자가 DNA 구조를 밝히는 일에 매달리고 있었어. 과학자들은 달리기 경주를 하듯 경쟁적으로 DNA 구조를 연구했지. X선 회절을 이용할 수 있는 프랭클린은 이 경주에서 누구보다 유리했어. 1952년, 마침내 프랭클린은 DNA의 X선 회절 사진을 찍는 데 성공했어.

> **DNA** 우리 몸의 정보를 담고 있는 '유전 물질'을 말해. 사람들은 저마다 다른 생김새와 특징을 가지고 있잖아. DNA 속 정보가 달라서 그래. DNA는 부모님에게서 물려받기 때문에 부모님과 자식이 닮은 것이지.

DNA의 구조를 밝힌 결정적인 사진 한 장

한편, 케임브리지 대학교에서도 제임스 왓슨과 프랜시스 크릭이라는 과학자가 DNA 구조를 밝혀내기 위한 연구를 하고 있었어. 어느 날, 왓슨은 윌킨스를 만나. 프랭클린과 함께 DNA 연구를 하던 그 과학자 말이야. 이때, 윌킨스는 프랭클린의 허락도 없이 프랭클린이 찍은 DNA의 X선 회절 사진을 왓슨에게 보여 주었어. 게다가 크릭

은 우연히 프랭클린의 연구 보고서도 보게 되었어. 이번에도 프랭클린의 허락은 없었지.

프랭클린의 사진과 보고서 덕분에 왓슨과 크릭은 DNA 구조가 이중 나선 구조라는 것을 밝혀낼 수 있었어. 그들은 연구 결과를 정리해서 논문으로 발표했어. DNA 구조가 밝혀지자 과학자들은 흥분했어. 유전이라는 생명의 신비를 풀 연구를 본격적으로 시작할 수 있었으니까.

왓슨과 크릭의 논문에는 프랭클린에 대한 어떠한 언급도 없었어. 프랭클린이 연구한 내용은 논문으로 발표되기 전이었거든. 발표되지 않은 자료에 대해서는 비밀을 지켜 주는 것이 과학계의 전통이었어. 이후 프랭클린이 논문을 발표하자 왓슨과 크릭도 프랭클린의 연구 자료에서 도움을 얻었다는 사실을 인정했어. 동시에 프랭클린의 논문도 큰 주목을 받았지.

죽음이 막은 노벨상 수상

프랭클린은 킹스 칼리지를 떠나 다른 연구소에서 연구를 계속했어. X선 회절 사진을 이용해 담배 모자이크 바이러스*의 구조를 알아내기도 했지.

그런데 X선에 자주 노출된 탓이었을까? 프랭클린은 젊은 나이에 암에 걸리고 말아. 1958년, 37살의 나이로 세상을 떠났지.

그로부터 4년 뒤, 1962년에 왓슨과 크릭, 윌킨스는 DNA 구조를 밝힌 공

→ **담배 모자이크 바이러스** 담배, 토마토, 오이 등 식물에 병을 일으키는 바이러스야. 긴 막대기 같은 모양을 하고 있지. 이 바이러스에 걸린 식물은 잎에 검은 반점이 나타나며 잘 자라지 못해.

로를 인정받아 공동으로 노벨 생리·의학상을 받았어. 하지만 이미 세상을 떠난 사람은 수상자에서 제외한다는 노벨상 원칙에 따라 프랭클린은 중요한 역할을 했음에도 상을 받지 못했어.

별별 ★ 과학 스타

→ **로절린드 프랭클린은 이런 점이 별나**
- 어릴 때부터 물리학과 화학에 탁월한 재능을 보였어.
- X선 회절 사진을 이용해 물질의 분자 구조를 알아내는 일을 했어. 그리고 이 분야 최고 전문가가 되었어.

→ **로절린드 프랭클린은 과학사를 이렇게 별다르게 만들었어**
- X선 회절 사진으로 DNA 구조를 밝히는 데 중요한 역할을 하였어. DNA 구조가 밝혀지면서 유전자 연구를 본격적으로 시작할 수 있었지.

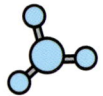

책 읽기를 좋아하는 국가 대표 공부 선수

이휘소는 일제 강점기였던 1935년 경성, 그러니까 지금의 서울에서 태어났어. 그의 부모님은 모두 의사였단다. 어린 시절, 이휘소는 호기심이 많았어. 궁금한 게 생길 때마다 어른들에게 물어보았고, 그래도 궁금증이 풀리지 않으면 책을 찾아보았지. 학교에 들어간 뒤에는 친구의 과학 잡지를 빌려 읽으며 과학에 관심을 두기 시작했어.

해방 후, 이휘소는 2등이라는 매우 우수한 성적으로 경기중학교에 입학했어. 그때는 중학교도 입학시험을 봐야 했거든. 게다가 경기중학교는 우리나라 최고의 명문 중학교 중 하나였어.

이휘소는 공부를 무척 좋아해서 쉬는 시간에도 공부할 정도였대. 수업 시간에 선생님이 어려운 질문을 해도 막힘없이 대답을 내놓았지. 수업 내용을 미리 공부해 둔 덕분이었어. 훗날 친구들은 그런 이휘소를 '국가대표 공부 선수'라고 평했어. 이휘소는 특히 과학에서 두각을 나타냈어.

한국에서 온 우수한 유학생

이휘소는 다른 학생들보다 월등하게 똑똑했어. 그래서 더 빨리 대학교에 가기 위해 학교를 그만둔 뒤, 대학 입학 자격을 얻을 수 있는 검정고시를 준비했어. 1952년, 17살의 이휘소는 검정고시에 합격하고 서울대학교 화학공학과에 1등으로 입학했지.

이휘소는 대학교를 다니면서 화학보다 물리학에 더 큰 매력을 느꼈어. 그래서 물리학과로 옮기려 했지만, 뜻대로 되지는 않았지. 어쩔 수 없이 혼자 물리학을 공부했어. 1954년, 유학생 선발 시험에 합격해 미국 유학을 떠났어.

이휘소는 미국 마이애미 대학교에 물리학과 3학년으로 들어갔어. 매일 아침부터 밤까지 수업을 듣고 과제를 해야 했지만, 물리학 공부를 마음껏 할 수 있었기 때문에 힘들지 않았어.

1년 반 만에 물리학과를 우수한 성적으로 졸업한 이휘소는 피츠버그 대학원에 들어갔어. 석사 과정을 마치고 박사 과정 자격시험을 보았는데 결과가 놀라웠어. 이제까지 누구도 받지 못한 높은 점수를 받은 거야. 교수는 이휘소의 재능을 알아보고 우수한 교수가 많은 펜실베이니아 대학교로 진학할 것을 추천했어. 이휘소는 펜실베이니아 대학교에서 박사 학위 공부를 시작했어.

이휘소는 소립자의 한 종류인 중간자를 연구해서 25살이라는 어린 나이에 물리학 박사 학위를 받았어. 소립자는 물질을 구성하는 가장 작은 알갱이를 말해. 물질을 계속 나누다 보면 분자에서 원자가 되고, 원자를 나누면 더는 쪼갤 수 없는 아주 작은 알갱이가 남지. 이 알갱이들이 소립자야. 가장 먼저 발견된 소립자가 바로 전자란다.

노벨상 수상자를 만든 이휘소의 연구

이휘소는 프린스턴 고등연구소, 펜실베이니아 대학교, 뉴욕 주립 대학교 등의 교수를 거쳐 1973년 세계 최대 소립자 연구소인 페르미 국립 가속기 연구소에 들어가게 돼. 그곳에서 이론 물리학 부장 겸 시카고 대학교 교수로 일했지. 이휘소는 세계적인 연구 기관과 대학교에서 뛰어난 물리학자들과 함께 연구했어.

1972년에는 물리학자 헤라르뒤스 엇호프트와 마르티뉘스 펠트만이 이휘소의 연구에서 아이디어를 얻어 「게이지 이론의 재규격화」라는 논문을 발표했어. 이 논문 덕분에 소립자와 같은 미시 세계에서 일어나는 현상을 이론값으로 계산할 수 있게 되었고, 실험으로도 확인이 가능해졌다고 해. 그런데 논문이 너무 어려워서 같은 물리학자들도 이해하기 힘들었지. 이휘소는 논문의 내용을 알기 쉽게 풀어 설명하였어. 그의 설명은 책으로도 나와 현재 해당 분야를 연구하려면 꼭 읽어야 하는 필독서가 되었지.

1999년, 엇호프트와 펠트만은 「게이지 이론의 재규격화」 논문 덕분에 노벨 물리학상을 받았어.

가장 작은 입자의 질량은 얼마나 될까?

한편 이휘소가 활발히 연구를 하던 시기 물리학계에는 원자핵을 이루는 양성자와 중성자가 두 종류의 쿼크*로 만들어진다는 사실이 알려졌어. 이 쿼크를 위 쿼크(업 쿼크)와 아래 쿼크(다운 쿼크)라고 해. 물리학자들은 자연계에 다른 쿼크들도 존재하리라 추측했어.

→ **쿼크** 원자핵을 이루는 양성자와 중성자를 구성하는 기본 입자를 말해.

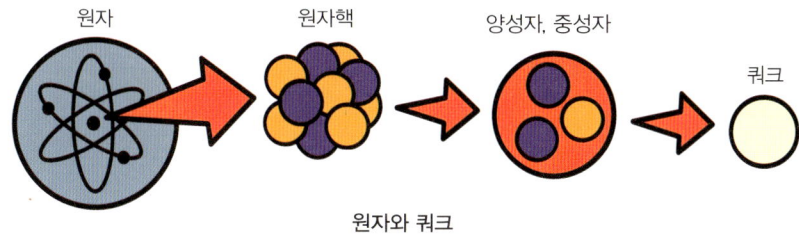

원자와 쿼크

    1974년, 이휘소는 다른 물리학자 2명과 함께 새로운 쿼크인 참 쿼크가 있다 가정하고 이 쿼크의 질량까지 계산해 논문으로 발표했어. 많은 물리학자가 이휘소의 논문을 바탕으로 실험하였고, 참 쿼크를 찾아냈지. 참 쿼크를 찾아낸 물리학자들 역시 그 업적을 인정받아 노벨 물리학상을 받았어.

    이처럼 이휘소는 노벨상을 받을 만한 훌륭한 연구 업적을 많이 남겼어. 하지만 안타깝게도 1977년, 42살의 젊은 나이에 교통사고로 세상을 뜨고 말았단다. 만약 이휘소가 살아있었다면 우리나라 최초의 노벨상 수상자가 될 수 있었을지 몰라.

별별 ★ 과학 스타

→ **이휘소는 이런 점이 별나**
- 호기심이 많아 질문을 자주하는 어린이였어. 궁금증을 풀기 위해서 책도 많이 읽었지.
- 공부를 너무 좋아해서 쉬는 시간에도 공부할 정도였다고 해.

→ **이휘소는 과학사를 이렇게 별다르게 만들었어**
- 이휘소의 아이디어 덕분에 소립자와 같은 미시 세계에 대한 과학계의 관심이 높아졌어.
- 새로운 쿼크의 존재를 추측하고 그 질량까지 계산하였어. 이휘소의 이론을 바탕으로 연구를 이어 간 몇몇 물리학자들은 노벨상을 받기도 했어.

공상 과학 소설을 읽으며 상상의 나래를 펼쳤던 소년

　스티븐 호킹은 1942년 영국 옥스퍼드에서 태어났어. 그의 아버지는 옥스퍼드 대학교를 졸업하고 열대병을 연구하는 의학자였고, 어머니도 옥스퍼드 대학교를 졸업한 인재였지. 호킹은 런던 근처의 세인트올번즈라는 도시에서 어린 시절을 보냈어.

　호킹은 상상력이 풍부했어. 또 별 보는 걸 유난히 즐기는 아이였어. 호킹의 가족은 모두 책 읽기를 좋아해 손에서 책을 놓지 않았다고 해. 그중에서도 호킹은 주로 공상 과학 소설을 읽었지.

　호킹은 학교에서 성적이 좋은 학생은 아니었어. 하지만 물리학에서만큼은

두각을 보였지. 선생님을 가르칠 정도로 실력이 뛰어나서 아인슈타인이라는 별명을 얻기도 했단다. 친구들과 간단한 형태의 컴퓨터를 만들어서 사람들을 놀라게 한 적도 있어. 이때는 컴퓨터가 일부 대학과 정부 기관에만 몇 대 있을 정도로 희귀했던 시절인데 말이야.

작은 몸의 물리학 천재

1959년, 호킹은 17살의 나이로 옥스퍼드 대학교에 입학하였어. 전체 성적은 좋지 않았어도 물리학 성적만은 놀라울 정도로 뛰어났기에 가능한 일이었지. 그는 남들보다 나이도 어리고, 몸집도 작은 데다 내성적인 성격 때문에 대학교에서 친구가 거의 없었어. 학교생활에도 흥미를 느끼지 못했어. 그래도 낙천적인 성격으로 이겨 냈다고 해.

호킹은 대학교 2학년 때, 옥스퍼드 대학교 조정팀에 키잡이로 들어갔어. 키잡이는 조정 경기에서 노를 젓지 않고 소리를 질러 지시 사항을 전하는 역할을 해. 몸집이 작은 사람이 유리한 자리였지. 호킹은 조정팀 활동에 적극적으로 참여하면서 친구도 사귈 수 있었어.

대학교를 우수한 성적으로 졸업한 호킹은 1962년에 케임브리지 대학원에서 우주론과 일반 상대성 이론을 공부하기 시작했어.

21살에 찾아온 불치병

대학원에 입학할 즈음, 호킹은 계단에서 자주 굴러떨어졌어. 그리고 자신이 루게릭병이라 불리는 희귀병에 걸렸음을 알게 되었지. 루게릭병은 뇌를 제외한 온몸이 서서히 마비되는 무서운 병이야. 호킹은 병 때문에 앞으로 2년

밖에 살 수 없다는 진단을 받아. 당시 호킹의 나이는 고작 21살이었단다. 호킹은 좌절했어. 하지만 슬퍼하고만 있을 시간이 없었어.

병을 진단받은 후, 호킹은 더 열심히 살았어. 대학원 공부도 더 열심히 했고. 다행히 병의 증세는 생각보다 천천히 진행되었어. 호킹은 과학자로 활발히 활동했고, 사랑하는 여성을 만나 1965년에 결혼도 했지.

엄청난 에너지를 쏟아 내는 블랙홀

호킹은 블랙홀˙에 관한 연구를 시작했어. 이 시기 과학자들은 블랙홀이 매우 강력한 중력을 가지고 있어서 에너지를 비롯해 주변의 모든 것을 빨아들이기만 한다고 생각했어.

그런데 호킹은 상대성 이론과 양자 물리학을 결합한 연구를 통해 블랙홀에서 그 반대 현상이 일어날 수 있다는 놀라운 결론을 얻었어. 블랙홀이 엄청나게 많은 에너지를 쏟아 낼 수 있다는 거야. 이는 우주 탄생을 설명하는 빅뱅 이론에 힘을 실어 주었지.

빅뱅 이론은 우주가 원래부터 존재한 것이 아니라 시작점이 있고 거기서 엄청나게 많은 에너지를 쏟아 낸 대폭

→ **블랙홀** 아주 강한 중력을 가진 천체를 말해. 중력이 너무 커서 주변의 모든 것을 다 빨아들이는 것은 물론, 속도가 빠른 빛조차 빠져나오지 못해서 검게 보인다고 해.

〈호킹 복사〉
우주에는 입자와 반입자 쌍이 존재해.
반입자만 블랙홀에 빨려 들어가며
블랙홀이 입자를 방출하는 것처럼 보여.
이때 블랙홀에서 빛이 나오지.
그리고 음의 에너지인 반입자를 흡수한
블랙홀은 점점 질량이 줄다가 마침내
사라진다는 이론이야.

발, 즉 빅뱅이 발생하면서 시작되었다고 보는 이론이야. 호킹은 이 연구 결과로 과학계의 큰 주목을 받았어. 1975년에는 케임브리지 대학교 이론 물리학과의 교수가 되었지.

병과 싸우며 세계적인 과학자가 되다

호킹은 계속해서 연구 성과를 냈어. 반대로 루게릭병은 점점 심해졌지. 혼자서는 움직이지 못해 휠체어를 타고 다녀야 했고, 폐렴에 걸리는 바람에 목소리까지 잃었어. 그래서 모니터 화면에 있는 단어를 선택해 문장을 만들면 그 문장을 소리로 바꾸어 주는 음성 합성기로 소통했어. 이처럼 호킹은 읽고, 쓰고, 말하기도 어려운 상태에서도 연구를 멈추지 않았어.

호킹은 우주의 역사와 시공간 개념을 일반인도 이해할 수 있도록 쉽게 풀어 써야겠다고 마음먹었어. 힘겨운 노력 끝에 1988년, 『시간의 역사』라는 책을 펴냈지. 이 책은 전 세계에서 천만 부 이상이 팔리며 베스트셀러가 되었어. 덕분에 호킹도 20세기 가장 유명한 과학자 중 한 명으로 이름을 알릴 수 있었단다. 그 후에도 호킹은 일반인이 읽을 수 있는 과학책을 계속 썼고, 전 세계를 돌면서 강연도 했어.

2007년, 호킹은 무중력 체험선에 올랐어. 그리고 휠체어 없이 곡예를 하며 무중력 체험을 했지. 어쩌면 호킹은 자신을 장애인이라 여기지 않았을지도 몰라.

호킹은 21살에 루게릭병으로 2년밖에 살지 못한다는 진단을 받았지만 이에 굴하지 않고 2018년, 세상을 뜰 때까지 55년을 더 살면서 과학계에 많은 업적을 남겼어.

별별 ★ 과학 스타

→ **스티븐 호킹은 이런 점이 별나**
- 공상과학 소설을 즐겨 읽는 상상력 풍부한 소년이었어.
- 희귀병에 걸려서 2년밖에 살지 못한다는 진단을 받았지만, 낙천적이고 밝은 성격으로 자신의 상황을 이겨 내며 연구를 계속했어.

→ **스티븐 호킹은 과학사를 이렇게 별다르게 만들었어**
- 블랙홀 연구로 빅뱅 이론에 힘을 실어 주었어.
- 베스트셀러 『시간의 역사』를 써서 펴내며 과학을 대중화하는 데 크게 기여했어.

연표

기원전 450년경	엠페도클레스가 4원소설을 주장
기원전 350년경	아리스토텔레스가 4원소설을 지지
	아리스토텔레스가 동물 분류법을 제시
기원전 250년경	아르키메데스가 원주율을 과학적으로 계산
기원전 250년경	아르키메데스가 부력의 원리를 발견
기원전 150년경	프톨레마이오스가 『알마게스트』를 펴내며 천동설을 지지
1543년	코페르니쿠스가 『천체의 회전에 관하여』를 펴내며 지동설을 주장
1583년	갈릴레이가 진자의 등시성을 발견
1590년	갈릴레이가 관성의 법칙을 발견
1609년	케플러가 행성의 운동에 관한 두 가지 법칙을 발표
	갈릴레이가 망원경을 발명
1619년	케플러가 행성의 운동에 관한 세 번째 법칙을 발표
1632년	갈릴레이가 『두 개의 주요 우주 체계에 관한 대화』를 펴내며 지동설을 지지
1662년	보일이 보일의 법칙을 발견
1665년	훅이 복합 현미경을 만들어 연구에 활용, 세포 관찰
	훅이 『마이크로그라피아』를 펴내며 관찰 내용을 기록
1666년	뉴턴이 만유인력 법칙을 발견
1687년	뉴턴이 『프린키피아』를 펴내며 물체의 운동에 관한 세 가지 법칙을 발표
1735년	린네가 『자연의 체계』를 펴내며 생물의 학명과 분류법을 제시
1772년경	라부아지에가 질량 보존 법칙을 발견
1777년	라부아지에가 산소를 발견하며 플로지스톤설을 반박
1789년	라부아지에가 연소 이론을 포함한 자신의 이론들을 정리하여 발표
1803년	돌턴이 원자론을 발표
1804년	돌턴이 배수 비례 법칙을 발표

1811년	아보가드로가 원자론의 오류를 보완한 분자설을 발표
1831년	패러데이가 전자기 유도 법칙을 발견
1833년	패러데이가 전기 분해 법칙을 발견
1842년	도플러가 도플러 효과를 발표
1857년	파스퇴르가 발효와 미생물 활동에 관한 논문 발표
1859년	다윈이 『종의 기원』을 펴내며 진화론을 주장
1864년	맥스웰이 맥스웰 방정식을 발표
1865년	멘델이 유전의 법칙을 발표
1869년	멘델레예프가 원소 주기율표를 발표
1880년	파스퇴르가 백신을 개발
1895년	뢴트겐이 X선을 발견
1896년	베크렐이 베크렐선(우라늄 방사능)을 발견
1898년	마리 퀴리가 방사능을 정의, 폴로늄과 라듐을 발견
1905년	아인슈타인이 특수 상대성 이론을 발표
1911년	러더퍼드가 원자핵을 발견
1913년	보어가 양자론을 활용한 새로운 원자 모형을 발표
1916년	아인슈타인이 일반 상대성 이론을 발표
1929년	허블이 허블의 법칙을 발표하며 우주의 팽창을 주장
1938년	마이트너와 오토 한이 핵분열을 발견
1951년	프랭클린이 DNA X선 회절 사진을 촬영
1953년	왓슨과 크릭이 DNA 구조를 발표
1964년	겔만이 쿼크 개념을 도입
1974년	이휘소가 참 쿼크에 관한 논문을 발표
1975년	호킹이 호킹 복사 이론을 발표
1988년	호킹이 『시간의 역사』를 펴내며 과학 대중화에 기여

※ 기원전은 50년 단위로 대략적인 시기만을 표기했습니다.

찾아보기

4원소설 ……………… 9	라듐 ……………… 97	블랙홀 ……………… 135
DNA ……………… 124	마이크로그라피아 …… 33	빅뱅 ……………… 135
$E=mc^2$ ……………… 108	마이트너륨 ……… 104	빛의 삼원색 ………… 81
X선 ……………… 92	만유인력 …………… 38	빛의 스펙트럼 …… 199
X선 회절 ………… 123	맥스웰 방정식 ……… 82	산소 ……………… 49
가속도의 법칙 ……… 38	미생물 ……………… 76	산화 수은 ………… 18
감광 ……………… 92	발효 ……………… 76	생각 실험 ………… 24
개기일식 ………… 109	방사능 ……………… 97	세포 ……………… 33
관성의 법칙 ………… 23	배수 비례 법칙 ……… 56	소립자 …………… 129
굴절 ……………… 82	백신 ……………… 77	시간의 역사 ……… 136
노벨상 ……………… 93	백조목 플라스크 …… 76	안드로메다대성운 …… 119
담배 모자이크 바이러스 · 125	변광성 …………… 119	알마게스트 ………… 17
대립 형질 …………… 70	변이 ……………… 66	양자론 …………… 113
대적점 ……………… 34	보일의 법칙 ………… 32	연소 ……………… 49
도플러 효과 ……… 120	부력의 원리 ………… 14	열성 ……………… 71
독립의 법칙 ………… 72	분리의 법칙 ………… 72	우라늄 …………… 97
등시성 ……………… 23	분자설 ……………… 56	우성 ……………… 71

140

우열의 법칙 ············ 71	저온 살균법 ············ 77	쿼크 ················ 130
원소 ················ 86	전극 ················ 61	특수 상대성 이론 ······ 107
원소 주기율표 ········ 88	전기 분해 법칙 ········ 61	파동 ················ 81
원자론 ··············· 55	전자기 ··············· 60	프린키피아 ············ 38
원자핵 ··············· 113	전자기 유도 ··········· 60	플로지스톤 ············ 49
원주율 ··············· 13	전자기파 ·············· 81	핵분열 ··············· 103
월식 ················· 9	전파 ················· 82	허블의 법칙 ··········· 119
위성 ················· 25	종의 기원 ············· 66	현미경 ··············· 32
유전 ················· 70	중력 ················· 38	호킹 복사 ············· 135
음극선 ················ 91	지동설 ··············· 18	화학 원론 ········· 50, 86
이온 ················· 61	지렛대의 원리 ·········· 13	회절 ················· 82
일반 상대성 이론 ······ 109	진자의 원리 ············ 22	훅의 법칙 ············· 34
자기장 ··············· 60	진화론 ··············· 66	
자연 발생설 ············ 76	질량 보존의 법칙 ········ 48	
자연 선택 ············· 66	천동설 ··············· 9	
자연의 체계 ············ 44	천체의 회전에 관하여 ·· 20	
작용 반작용의 법칙 ····· 38	케플러 법칙 ············ 29